**Destinada a Ser Libre**
**Rompiendo las cadenas de la Violencia Doméstica**

**Marva J. Edwards**

**Destinada a Ser Libre**
**Rompiendo las cadenas de la Violencia Doméstica**

2012- Marva J. Edwards.

*Publicado por primera vez por el autor*
*Impreso en los estados Unidos de América*
*By Create Space*

*ISBN 978-1477693872*

*Esté libro está impreso en papel libre de acido.*

*El libro Destinada a ser Libre es dedicado a:*

*Primero, a mi madre, la difunta Barbara Malone Johnson, quien fue una sobreviviente de violencia doméstica y quien ofreció seguridad y apoyo a algunos que pasaron por lo mismo.*

*(Mi bisabuela (la madre de mi madre), Daisy Bell Cornelius)*

*A mi bisabuela, la difunta Daisy Bell Cornelius; mi abuela, la difunta Virginia Malone y mi tía abuela, Maebelle Smoot.*

*También dedico este libro a todo hombre y toda mujer que ha sufrido de violencia doméstica en cualquier grado, y a todo hombre, mujer, niño y niña, cuya vida se ha visto afectada. A la memoria de aquellos cuyas vidas se han perdido como resultado de la violencia doméstica, especialmente las de aquellos oficiales de policía ¡que juraron servir y proteger y perdieron sus vidas haciéndolo!*

*Saludo a cada uno de ustedes, y comparto en la experiencia del dolor y la devastación, y en oración con la esperanza que mora en vosotros, así como la experiencia que ha traído a usted y a sus seres queridos.*

# Contenido

# Reconocimientos

A Dios sea toda la gloria por lo que tienen y por lo que está por venir. Gracias a Dios por haberme llevado a un lugar saludable y por ayudar a esté esfuerzo a convertirse en una realidad.

Mientras que elaboraba obligado a ser libre, tuve que llamar a muchas personas para hacer esto posible. Todos ustedes me han apoyado de manera que me han animado más de lo que ustedes creen.

Mis más profundo reconocimiento y agradecimiento a mi marido, Robert, por ser mi mayor apoyo, caja de resonancia y el editor inicial. A mis hijos, Khatara, KieSharra, Kadeem, y Kalio, que me han permitido compartir una parte de sus vidas y también han contribuido a mi trabajo.

Gracias a los otros miembros de mi familia y a mis amigos queridos que me han animado y quién ha creído en mí a través de esté proceso de terminación.

Gracias a cada hombre y mujer de Dios que habló en mi vida dentro de mi espíritu que me animó a mirar hacia arriba y para vivir!

Con humildad de corazón, un agradecimiento muy especial al difunto obispo, Johnny H. Covington, quien me enseñó a caminar con fe y a creer en Dios para todo

Un agradecimiento especial a las familias y los servicios de los niños de Piedmont, Greensboro, Carolina del Norte, quienes me ayudaron en obtener la asistencia que necesitaba en los momentos de crisis años atrás, junto con Alyce Bitticks. Un agradecimiento especial también para el obispo Bernard Wright, quien contribuyo con su tiempo y se aseguro que la casa que mis hijos y yo habitábamos fuera segura y difícil para forzar la entrada.

Dios bendiga a cada uno de ustedes inmensamente

# Introducción

Destinada a ser libre es una parte de la historia de mi vida y habla de
mi lucha personal con la violencia doméstica. Retratada en eventos de la vida real
en una relación que me encontré y en un matrimonio que se dirigía a la
destrucción. En muchas situaciones, no logre reconocer las señales de advertencia-
un error de juicio que más tarde me costaría muy caro. Pasé de preguntarme a mí
misma, ¿Dónde estoy? a preguntarme ¿Quién soy yo? Mientras que representando
el poder de la oración y la perseverancia, con esperanza y confianza en un Padre
amoroso que su voluntad es la  la bondad para sus niños, esté libro también
demuestra un nivel de temor de los hombres, pero aún
nivel de la fe en Dios. Obligado a ser libre expone el mal y el control de abuso, ya
sea por un hombre o una mujer, con gritos constantes en busca de ayuda
en lo que parecía ser una situación de desesperanza y oscuridad. Aquí
usted encontrara que la violencia doméstica no discrimina, no conoce el género,
no tiene límite de edad, y ninguna religión. Es vil, y también es malo. El poder
de abuso puede ser llevado de una generación a otra, como es común aquí,
pero también puede manifestarse en difererentes formas y de muchas diferentes
personas conectadas con el abusador. Destinada a ser libre comparte las
Creencias de creer que Dios hará lo que sólo él puede. Es la intención de dar
coraje y esperanza a todos los lectores. Esto demuestra el deseo de ser libre y
vivir libre de abuso y para que él abusador tenga la valentía de ser libres y
vivir libres de abusar. La experiencia de la determinación de ser libres y
para tomar coraje para ir tras la libertad, en vez de tener que buscar el mal en la
cara y tomar una decisión consciente de adoptar una postura y cesar de seguir
corriendo. Se fomentará la facultad, capacitación y serán informado a lo largo que
toma       esté       viaje       conmigo       a       ser       libre

# Capítulo 1

*¿Dónde estoy?*

En medio de otra discusión sobre algo tan trivial, el miedo se apoderó de mí una vez más. De repente, me golpeó en la cara con tal fuerza que me hizo girar (algo que sólo he visto en las películas). Yo giré en lo que parecía ser un movimiento de cámara lenta. Y siento que mi cuerpo poco a poco cae al suelo, pero no tengo la capacidad de parar la caída. No tengo idea cuanto tiempo ha pasado. Cuando abro mis ojos me pregunto, ¿Dónde estoy? Parece que estoy en un lugar diferente a mi hogar, como que mi entorno es desconocido para mí. Estoy asustada y me pregunto, ¿dónde están mis hijos? *¿Sabe mi madre dónde estoy? ¿Cuál es mi número de teléfono? ¿Cómo he llegado hasta a esta cama?* Sintiéndome en un estado de gran confusión en cuanto a mi situación inmediata, también sentí un dolor increíble en mi cara, mi cabeza está palpitando intensamente. Yo me doy cuenta que estoy en un nuevo lugar -nosotros nos acabamos de mudar hace unos días-. No puedo decir cuánto tiempo, para ser exactos. Tengo mucha sed, y entro en la cocina en busca de un vaso con agua para saciar mi sed. Al regresar de la cocina, me asomo a ver a mis niños, me pregunto qué está pasando con ellos. Gracias a Dios cada uno está bien dormido.

Después de regresar a mi habitación comienzo a beber el agua, y ahora estoy preocupada. A medida que bebo del vaso de vidrio, el agua resbala por mis mejillas y el cuello. Me doy cuenta que algo tiene que estar mal, porque nunca sentí salir el agua de mi boca. ¿Qué

1

significa esto? Antes que yo terminara de procesar este pensamiento, miro hacia arriba y ahí está el predicador parado en la puerta. Él está mirándome como si hubiera ocurrido un pequeño desacuerdo. Él me pregunta, "¿Te encuentras bien, cariño?" Imagínese cómo lo despreciaba en ese momento. Por supuesto, ya no lo quiero y hace mucho tiempo que dejé de

amarlo como esposo. Ya era muy difícil amarlo, incluso como cristiano. Me golpeó en el rostro y me pegó tan fuerte en la cabeza que me desmayé. Aún así tiene la audacia de preguntarme si yo estoy bien. Yo nunca le respondí; su pregunta no merecía una respuesta. Sorpresivamente, me dejó sola.

Tengo miedo, estoy sola, y muy afligida, pero ¿quién escuchará mi súplica? ¿Incluso quién me va a ayudar? Despúes de todo, yo soy la esposa de un predicador.

Lamentablemente, la relación no está mejorando, ¡empeora con cada una de las peleas! ¡Yo debo encontrar la manera de salir de este infierno en el que me encuentro! ¡Señor Jesús, ayúdame! ¡Por favor, ayúdame! Sé que mis hijos no están en un lugar seguro, también sé que es mi responsabilidad protegerlos.

Tengo que pensar cómo voy a explicar un labio roto, la cara hinchada, e incluso el constante dolor en mi cabeza. ¿Cómo voy a explicar esto a las familias de la iglesia, y a mi propia familia? ¿Qué van a pensar mis hijos cuando miren la cara de su madre? ¿Cómo voy a evitar que las lágrimas corran por mi rostro? Sin duda, me dolerá en el alma al mirarlos a sus ojos, y saber que ellos ven mi dolor físico. Señor Dios, por favor ayúdame a salir de este lugar. ¡Esto no es un hogar!

En algún momento, mi niñera llamó a mi madre y le contó lo que había pasado. Lo sé porque un día, de repente, mi madre y una de mis hermanas se presentaron en mi casa. El predicador estaba afuera haciendo algo con su coche. Escuché gritos y alaridos. ¡Corrí a la

puerta principal y para mi sorpresa, mi madre y mi hermana le estaban dando una paliza al predicador y mi madre lo retó a que la tocara! ¡Ella gritaba y lo maldecía a su manera! Eso sí, él no hizo nada. Yo solamente los miraba. Una parte de mí estaba feliz, y una parte de mí estaba                                                                                                  triste

## Capítulo 2

*Corriendo Espantada*

Mientras me preparaba para el servicio de la iglesia esta noche, tenía mucha expectativa por alguna revelación de Dios. No me importa cómo Dios se muestra, sólo necesito que Él se presente ante mí. ¡Yo estoy muy emocionada! Creo que Dios me va a ayudar donde estoy. Llegamos a Sanford un poco temprano para el servicio. El profeta (el pastor de la iglesia) nos ha invitado al predicador y a mí a ir a su oficina con él y su esposa. Tomamos una bebida fría, y ellos conversaban entre sí. Sigo sentada en silencio. Yo me sentía inquieta. Eventualmente bajamos hasta el santuario. La alabanza y adoración estaban en proceso y la música estuvo maravillosa. El templo está lleno con la unción de Dios. La palabra de Dios fue una bendición, y al final el profeta se dirigió a mí. Dijo que el Señor me había ungido para el ministerio y que no todo el mundo sería capaz de caminar conmigo en el ministerio debido a los conflictos en mi vida. También me dijo que Dios iba a bendecir mis manos y tener riquezas, porque Él podía confiar en mí. Me invadió una mezcla de emociones -felicidad y miedo al mismo tiempo-. ¿Ministerio y Dinero? Esto significa increíbles retos en

muchos aspectos. Qué gran responsabilidad. Oré para que Dios me ayude a mantener mi humildad. Nosotros regresamos a la casa de Sanford y es muy tarde. Nuestra niñera y su marido decidieron pasar la noche con nosotros. Los niños están dormidos y en sus camas.

La mañana llegó y el drama comenzó. El predicador vino a pedirme dinero. La iglesia que él pastorea no puede pagarle un salario. Él no tiene otro empleo, pero depende de mí. Quiere vivir de la manutención de mis hijos, del dinero extra que yo hago cortando pelo y los cupones de alimentos. Se desata una discusión porque me negué a darle dinero y porque le pregunté para qué lo quería. Esto nos lleva a una pelea física a pesar del miedo que tengo. Poco después me encuentro corriendo asustada, en calcetines y en mi camisón de dormir y

con un martillo en mi mano -que de alguna manera fui capaz de quitárselo a él antes de que él me golpeara-. ¡Gracias Dios! Yo sé que fue la gracia de Dios que me permitió quitarle el martillo.

Me estoy quedando sin tengo aliento en mi cuerpo, ya que estoy respirando con dificultad. Estoy tratando de correr tan rápido como pueda, sin embargo, parece que estoy corriendo en cámara lenta, parece como si no pudiera escapar lo suficientemente rápido y tengo mucho miedo de mirar hacia atrás.¡Sé que fue sólo la gracia de Dios que me permitió quitarle el martillo!

Por fin he llegado a la avenida Bessemer; esto es sólo alrededor de cien yardas de distancia de la casa. Sin embargo, parecía ser mucho más lejos. No tengo ni idea de cómo estoy vestida; yo simplemente estoy corriendo asustada. Oh, Dios, por favor ayúdame. No dejes que él me atrape. No puedo mirar hacia atrás. Llego a la lavandería y a la tienda -estas quedaban más o menos como a una milla. Gracias a Dios, veo a una hermana de mi iglesia. También ella me ve, y me permite entrar a su coche y componerme un poco. No hay señales del predicador por ninguna parte. Por el momento me siento muy aliviada. Sin embargo,

tarde o temprano tengo que volver a casa. Esto me hace sentir mucho más miedo. Yo sé que cuando menos me lo espere, voy a tener que pagar por esto. Voy a tener que pagar por causar que su comportamiento violento haya quedado expuesto y por permitir que otras personas se enteren de lo que pasa en su casa, dirá él.

Llegué a casa asustada, pero como siempre tratando de presentar un semblante de fortaleza. Yo nunca quise que él supiera el miedo que realmente sentía. Mis hijos estaban en la casa esperando con la niñera. Estoy segura que ellos se preguntaban dónde me encontraba y qué estaba pasando. Ellos todavía estaban durmiendo cuando yo me levanté en la mañana temprano y ocurrió la pelea. La niñera estaba reacia a dejarme en casa con el predicador. Ella necesitaba ir a su casa, así que le dije que no se preocupara por eso. Yo no sabía que en algún momento la niñera había hablado con mi madre acerca de la pelea, y a su vez, ella lo comentó a mi primo y mi hermano. Ahora tengo miedo, sin saber qué hacer o cómo comportarme. Yo espero evitar otra confrontación, al menos por hoy. Esto se está convirtiendo más y más difícil de lograr. Me siento como si hubiera una herida enorme dentro de mí creciendo cada vez más todo el tiempo. Estoy empezando a sentir como que si estuviera perdiendo la razón. Yo me considero una persona fuerte, pero así es como estoy.

¿Cómo puedo proteger el ministerio y a la gente? Realmente necesito a alguien con quien pueda hablar -alguien con quien yo pueda realmente ser honesta-. Tengo una amiga, y siento que puedo confiar en ella. Mi preocupación es su relación con el hermano del predicador. Yo estoy en una mala situación, sin embargo, tengo que arriesgarme y confiar en ella. Tengo que confiar en alguien que me ayude a mí y a mis hijos a salir de esto, aunque sea para ayudarme a procesar de forma adecuada mis pensamientos.

Yo debo buscar ayuda. Estoy rezando y hablando con el Señor, necesito encontrar el rumbo. ¡Incluso he ayunado! Yo creo en Dios para la salvación y la valentía para salir de aquí. Me veo atada por el miedo, pero tengo que ser libre. Esta no es la forma en que se supone que deba estar. Aquí estoy yo, una mujer cristiana, esposa de un pastor, esto no puede ser real. Dice la escritura de acuerdo con Efesio 5:25, ***"los esposos amarán a sus esposas así como***

***Cristo amó a la iglesia, y se entregó por ella"***, esta no es la clase de amor que recibo del predicador. ¡Él parece estar lleno de rabia, nosotros sabemos que la ira no viene ciertamente de Dios! Ahora es realmente el momento para rezar como nunca antes. Tiempo para que yo rece con toda mi fuerza y presente mi petición a Dios. Por supuesto, Él sabe lo que yo necesito incluso antes de pedírselo. Es la hora de pedir lo que necesito. Yo oro por la protección del Señor y por la paz dentro de mí para que pueda salir de esta situación

# Capítulo 3

## *Recordar las "Señales de Alerta"*

Ahora me doy cuenta y finalmente lo entendí, que había muchas señales de alerta a lo largo del camino. Tengo que decir que las pasé por alto o que era demasiada ingenua para darme cuenta de ellas. Es muy importante que prestemos atención a las cosas a lo largo del camino. Nosotros debemos recordar que cada cosa es señal de otra cosa. Hay un viejo proverbio que dice que lo que ves es lo que obtienes. Lo que se ve a veces es peor de que uno obtiene; que sin duda fue lo que paso en mi caso. ¡Presten atención a las señales de alerta en su vida!

Hace algunos años, cuando conocí al predicador, él era encantador y bien hablado y elegía cuidadosamente sus palabras. Él era muy atento. Sabía qué decir y cuándo decirlo. Parecía como uno esperaba que fuera un predicador; bien vestido y se presentaba como un caballero. Señal de alerta. Recuerdo que la primera vez que salí con el predicador, él se detuvo en el cajero automático en la avenida Summit. Nosotros íbamos a un restaurante de mariscos llamado Libby Hill. Estábamos cómodos en el restaurante; sin embargo, él quería ir al que estaba al otro lado de la ciudad. Señal de alerta.

Mientras hablábamos durante la cena, le pregunté acerca de la iglesia donde él era el pastor y su ubicación. Él me respondió diciéndome que estaba en Siler City pero que él planeaba reubicarse en Greensboro lo más pronto posible. No puedo recordar en éste momento la

razón que me dio para este cambio. Muy a menudo el predicador pasaba los domingos en las mañanas en Greensboro en vez de estar en Siler City. Yo me preguntaba por qué no estaba ministrando a su propia congregación cada domingo. Él tampoco, me había invitado para asistir a servicios religiosos con él. Señal de alerta.

Pasaron los meses, y caí en mi caminar con Dios. Me encerré en mi propia soledad y esto me llevó a involucrarme sexualmente con el predicador. Quedé embarazada y con un enorme sentimiento de culpa. ¡No sería exagerado decir que quedé devastada! Aquí estoy en la situación de tener otro hijo, sin haberme casado, ni siquiera en una relación estable.

El predicador está dando la noticia con tanta alegría y yo todavía estoy tratando de perdonarme por haberle fallado a Dios. Señal de alerta.

Durante un periodo de tiempo -no estoy segura cuánto tiempo, quizás habían pasado un par de meses- y las cosas parecen que habían mejorado. Entonces descubrí que el coche que él había estado manejando y que me hizo creer que era suyo, realmente no lo era. El auto pertenecía a un diácono de su iglesia. Desde que lo descubrí, me di cuenta que tenía que transportar al diácono al trabajo y donde quiera que él tuviera que ir, y luego regresarlo a su destino. Señales de alerta.

Varias semanas han pasado, y el predicador ahora estaciona el coche en lo que yo llamo lugares muy extraños. Él está estacionando el auto a la vuelta de la esquina y a veces en otra área de estacionamiento en el complejo. Él justifica esto diciendo que no quiere que la gente se meta en sus asuntos privados. Afirma que necesita privacidad así como todos los demás. Suena tan convincente. Señales de alerta.

Entre tanto, el diácono ha estado buscando al predicador con la esperanza de recuperar su carro. Ahora entiendo por qué el predicador ha estado estacionando el auto en lugares extraños. Obviamente el predicador lo ha estado evadiendo todo este tiempo. Él se estacionaba en la parte posterior de otra unidad y a veces incluso a la vuelta de la esquina. Ya no puedo hacer frente a las constantes mentiras, que son más de las que puedo recordar o incluso enumerar. Terminamos la relación por las constantes discusiones, mentiras, y mi falta de confianza en él. Después de la separación, el me decía, "si no puedo estar contigo, entonces no tengo ninguna razón para vivir". Señales de alerta.

Él continuó hablando sobre suicidarse. Esto me hizo sentir muy responsable y debía ayudarlo; tenía que encontrar alguna manera de ayudarlo. ¡Me siento atrapada! Estoy dentro y fuera de esta relación, y esto se repite una y otra vez.

Me siento culpable debido a la depresión del predicador y sus comentarios sobre cometer suicidio cada vez que él cree que voy a romper con él. El pensar que el predicador se quite la vida por mi culpa es una carga con la que no deseo vivir. Es difícil permanecer lejos de él. Tal parece que está muy involucrado en mi vida. Me siento abrumada. El predicador me llama todo el tiempo, desde la mañana hasta la noche. En otras ocasiones, simplemente se presenta sin previo aviso. Señales de alerta.

Me estoy hundiendo y alejando más y más de Dios. Mi vecina, que también es mi amiga, se ha convertido en un apoyo muy necesario para mí. Al hablarle con más confianza, ella me dice, "este tipo está loco ¿estás segura que es un predicador? Algo anda mal con él".

Hoy es cuatro de julio, el Día de Independencia de Estados Unidos. Mi hermano mayor y su novia han decidido a llevarse a mis dos hijas con ellos para ver los fuegos artificiales después de que terminen las actividades festivas. Mi hijo y yo regresamos a casa, ya es tarde. Alrededor de las 11:00 pm, sonó el timbre. Me sorprendo por la hora tan tarde. Me acerco a la ventana y pregunto quién está en la puerta. Resulta ser la hermana del predicador.

¿Qué podría querer ella a esta hora de la noche? Me dijo: "¡Chica, tengo que hablar contigo! ¡Se trata de una emergencia!" Abro la puerta, y ella me dice de repente que tiene que ir a cerrar la puerta de su coche. Debo decir que yo estaba bastante preocupada, porque esta chica por lo general ni siquiera habla conmigo. Nosotros no tenemos ni siquiera ese tipo de

confianza para que ella venga a mi apartamento. Yo asumo que fue a su auto, pero cuando regresó había otra mujer con ella. Me parecía familiar. Era alta y muy robusta, lo que mi madre llamaría de contextura pesada. Ellas entran, se sientan y comienzan a sonreír. En este momento, sentí que algo anda mal. Tengo poco más de cinco meses de embarazo y esta situación me está poniendo muy nerviosa.

Estoy sentada en el sofá, y ellas están en el otro sillón. Parecen estar drogadas. Mi hijo se ha levantado de la cama, así que voy con él para acostarlo nuevamente. Cuando regreso a sentarme, la otra mujer me pregunta por qué le he sido infiel a su primo.

Yo le respondí diciendo: "Yo no estoy engañando a nadie porque no tengo a nadie y ¿con quién se supone que yo lo estoy engañando?"

Ella nombró al individuo de quien estaba hablando y dijo: "ese es." En ese momento yo sabía que ella estaba a punto de levantarse. Cuando comencé a ponerme de pie ella corrió hacia mí desde el otro lado de la habitación. Me golpeó en la cara, y caí encima de la mesa de centro. Pensé: necesito algo para poder defenderme y protegerme. Fui a la cocina, pensando rápidamente que ni siquiera tengo cuchillos muy afilados por los niños. De un cajón agarré el martillo y corrí de regreso a la sala de estar. Ellas todavía estaban allí (debe haber sido por las drogas que consumieron). Cuando ellas me vieron con el martillo en mi mano, la hermana del predicador se levantó primero saliendo por la puerta del frente y la otra mujer, que me había golpeado, la seguía apresurada. Se cayó al salir y yo la golpeé con el martillo en la espalda. Levanté el martillo otra vez, con la idea de romperle la cabeza. Fácilmente pude haberla golpeado de nuevo porque ella se movía lentamente.

Yo estaba enojada y en actitud de supervivencia, pero yo no podía permitirme hacerle daño de esa manera, a pesar de lo que me habían hecho a mí. En ese momento levanté el martillo en el aire mientras ella me miró fijamente a los ojos. La misericordia de Dios estaba con las dos, y a Él sea la gloria. Ella se levantó y corrió hacia la parte posterior del apartamento.

Mientras entraba en la casa, me di cuenta que tenía sangre en la camisa, y me apresuré a ir al baño. Cuando me miré en el espejo, vi que mi boca estaba sangrando. Mis labios y un lado de mi cara estaban hinchados. Me sentí violada y con rabia, por no decir más. Decidí no llamar a nadie de mi familia, yo no sabía cómo manejar lo que acababa de pasar. Más tarde figuré quién era la otra mujer.

A ella le gustaba mi vecino y estuvo en su casa un par de veces cuando fui a usar su teléfono. ¡Yo quería mandar a ambas a la cárcel! Incluso aunque la hermana del predicador nunca me golpeó, la hice responsable ya que ella trajo a la otra mujer a mi apartamento.

Cuando fui al centro de la ciudad para sacar una orden de arresto, me di cuenta de que necesitaba una dirección vigente para completar la orden. (Eventualmente obtuve una dirección, pero la orden nunca fue ejecutada).

Eran más o menos las tres o cuatro de la mañana del día siguiente, y estoy sintiendo grandes dolores abdominales, mi estómago está muy apretado. Me fui a la sala de emergencia y el doctor dijo que debido al incidente, el bebé estaba bajo estrés. Dijo que el descanso ayuda a normalizar la situación en la mayoría de los casos. Estoy tratando de procesar todo lo que pasó: ¿cómo y por qué la tía de mi hijo por nacer trae a alguien, el doble de mi tamaño, para hacerme daño y poner en peligro el bienestar de mi bebé antes de nacer? Señales de alerta.

Recuerdo que el predicador llamó el día siguiente, diciendo que estaba sorprendido por lo que había sucedido. Oh, él estaba tan enojado por lo que había pasado. "Sólo espera. Voy a

decirle a mi hermana un par de cosas"... El predicador utilizó esta situación para empezar a llamar con más frecuencia. Él empezó a hablar como si estuviera concentrado y listo para

actuar como debería actuar un hombre -sin embargo ni siquiera tenía una ocupación remunerada. ¡Imagínate eso! Señales de alerta.

El 12 de septiembre de 1991, me encuentro con dolores de parto. Con siete meses y medio, mi bebé ha nacido. Él arribó temprano, está un poco amarillento, pero aparte de eso está saludable. ¡Gracias a Dios! El predicador llega después de haber nacido el bebé, y trae algunas otras personas con él, ninguna de las cuales yo conozco. Está es una ocasión feliz: estoy feliz por el nacimiento de mi hijo y también aliviada de que todo haya terminado. El predicador está orgulloso de su nuevo hijo y comienza a compartir lo mucho que quiere formar una familia. Proclama que él ha cambiado y dice que ha estado trabajando con el Señor sobre sus asuntos. Se muestra muy atento, sus visitas al niño son cada vez más frecuentes. Tenía muchas ganas de creerle. Debo decir que me dejé convencer. En consecuencia reanudamos nuestra relación y a medida que pasa el tiempo le permito que se quede algunas noches. Señales de alerta.

El predicador y yo estuvimos hablando un día, y comenzó a compartir con más detalle la forma en que fue abusado y maltratado cuando era niño. También habló de lo pobre que eran sus relaciones familiares y dijo que tenía una hija que no podía ver, porque él y la madre no se lograban poner de acuerdo en la forma de criarla. El predicador tenía mi atención y mi simpatía. Realmente sentí lástima por él y no podía entender cómo su propia familia lo trató de esta manera. Señales de alerta.

¡Por fin he conseguido llegar a un lugar donde me siento más comprometida en mi andar con Dios! Estoy tratando de vivir una vida santa y de caminar en posición recta en presencia de Él. ¡Estoy pasando más tiempo en oración y tratando de trabajar en mí misma! Yo siento algo que no había sentido en mucho tiempo, es decir, ánimo. Mientras que yo deseo más tiempo de tranquilidad para mis hijos y para mí, es cada vez más difícil. Me enfrento al reto

cotidiano de lograr que se calmen a la hora de la siesta y antes de acostarse también. La mayoría de mis vecinos son estudiantes universitarios jóvenes lejos de su casa. Lo normal para ellos son las fiestas y, música a todo volumen,  noches llenas de ruido y de muchedumbre. Ahora tengo que tener más cuidado cuando los niños salen a jugar. Realmente espero mudarme pronto.  El predicador está tratando de animarme para que nos mudemos a las afuera de la ciudad, en algún lugar cerca de la Brown Summit. He oído hablar de la zona, pero no tengo idea donde está. Innecesario decir que yo no estoy interesada en lo más mínimo. Incluso no tengo licencia de conducir. Él estaba tratando de hacerme mudar a un lugar más aislado en el que no conozca a nadie. Señales de alerta.

Finalmente nos mudamos ya que encontré una casa no muy lejos de de donde vivíamos antes. Mis hijos tienen su jardín privado donde pueden correr y divertirse libremente y sin que yo tenga que preocuparme de los extraños pasando de un lado a otro. Un día, mientras íbamos paseando, el predicador se dio cuenta que un edificio cercano estaba para la renta. Tengo que reconocer que él estaba muy emocionado.

El predicador se las ingenia para hablar el dueño y logra un tipo de acuerdo para rentar el edificio (para el Ministerio). Él todavía no tiene trabajo, pero consiguió salirse con la suya.

Él empieza a limpiar el edificio inmediatamente y el domingo siguiente ofrece su primer servicio. No tengo ni idea de cómo instaló los servicios públicos, pero todos estaban funcionando con la excepción de la calefacción. Después de esto, comienza a hablar de matrimonio, algo que siempre he querido. Pero yo no estaba segura. Después de hablar y escucharlo, acepté, pero creo que fue demasiado rápido. Una semana más tarde nos casamos. No hubo boda, ni familia, sólo una ceremonia en mi casa. Ahora estoy casada, el sueño de toda       chica.       ¡Sí,       cómo       no!

# Capítulo 4

## *Los colores verdaderos*

Por varios meses parece haberle ido bien al Ministerio. El pastor asistente, su esposa y sus hijos son muy fieles a la obra del Ministerio. ¡Sin embargo, la esposa del pastor asistente parece estar tomando un interés inusual en el predicador! Ella y el predicador parecen tener bastante de qué hablar y reírse. He notado que ella está ansiosa de servirle y él es feliz de concederle sus peticiones. Me estoy sintiendo realmente incómoda por todo este asunto. Ella busca la forma de mirarme cuando hace algo para ver si yo la estoy observando y entonces me responde con una furtiva sonrisa. Al principio ella era muy agradable, pero fue por muy corto tiempo y ahora es más bien seca y cortante conmigo. Prepara los alimentos para el

predicador solamente, en vez de hacerlo para su familia. De todas maneras yo no confió lo suficiente en sus comidas para que yo o mis hijos comamos lo que ella prepara. Te observa con una sonrisa, pero sus ojos tienen una mirada intrigante.

Los verdaderos colores del predicador están empezando a brillar una vez más. ¡Se ha vuelto muy abusivo verbalmente, y esto lo ha llevado también a pegarme otra vez! Me siento débil e incapaz de defenderme contra él y su violento comportamiento. En realidad, yo le tengo miedo. También ha comenzado a mostrar su enojo con algunos de los miembros de la iglesia, ¿qué más puedo esperar? Sólo hemos estado casados por un corto periodo de tiempo, y ya me arrepiento de haberme metido en esté lío. Las discusiones aumentan constantemente, así

como las peleas físicas. Recuerdo la pelea que tuvimos después de aquella cuando le quité el martillo y salí corriendo. Después de esa pelea yo me empeñé en que él se fuera de la casa y para mi sorpresa, en realidad lo hizo, comenzó a vivir en la iglesia. A la noche siguiente él regresó, se veía triste y con frío. No había calefacción en la iglesia, quería algo de comida y algo caliente de beber. Me pareció interesante ver cómo alguien tan abusivo y controlador podía llegar a ser tan lamentable.

Por supuesto que me daba pena con él, y yo pensaba que Dios no estaría contento conmigo por permitir que él viviera de esta manera.

La evangelista (la esposa del pastor asistente) consideró necesario cuidar del predicador durante el tiempo que estaba viviendo en la iglesia. El pastor asistente sospechaba de su mujer y de la relación con el predicador. Él mismo me lo dijo, y yo sentí lo mismo. Un día en particular, ella le llevó al predicador algo de comer para el almuerzo. Su esposo esperó un rato y después finalmente se fue a la iglesia. Cuando llegó, tuvo que tocar a la puerta porque había dejado que su esposa usara sus llaves de la iglesia.

Después de haber estado tocando en la puerta y llamándolos por unos minutos, según el asistente del pastor, su esposa finalmente abrió. Su ropa no estaba ajustada como cuando ella salió de su casa. El predicador salió, y su pelo parecía como si acabara de levantarse, y sus pantalones tenían la cremallera abierta. Él dijo, "el predicador tenía una penosa mirada de haber sido sorprendido en el acto". Por supuesto, ambos declararon su inocencia. Una vez más sus verdaderos colores salieron a relucir. Lo que aún estén guardando va a salir a la luz después de un tiempo. Supongo que con el paso el tiempo las heridas del pastor asistente se curaron, o amaba mucho a su esposa para aceptar su relación con el predicador. O se dejó caer en un estado de negación. De cualquier manera él comenzó a permitir que el predicador utilizara el coche de su esposa y más tarde le permitió que llevara a su esposa al trabajo y luego usara su coche. No puedo creer ni por un momento que todo esto estuviera pasando, yo también estaba enojada. Yo no tenía voz en las decisiones que el predicador estaba tomando,

a no ser que fuera para su propio beneficio. ¡A veces quería que ella se fuera a otro lugar, pero eso solo era una ilusión!

Con el tiempo, debido a todas las circunstancias y las sospechas entorno del predicador y la evangelista, y también por la falta de confianza y honestidad, el asistente del pastor dejó a su esposa (la evangelista). Debo decir que él estaba muy dolido y decepcionado, ¡porque él pensaba que el predicador era un líder y un hombre de confianza de Dios! Con su esposa, la confianza se rompió y creo que fue más de lo él pudo soportar.

¡Que el Señor tenga misericordia! El predicador todavía está utilizando el coche y cada vez están más cerca el uno del otro.

Cuando yo le digo algo, él me acusa de estar celosa y dice que debo pensar que él la desea. La verdad es que él la deseaba, y la tenía, pero no era lo suficientemente hombre como para reconocerlo. ¡La verdad en ese momento no me hubiera importado, porque yo ya sabía cuál era la verdad! Su relación era obvia, más de lo que ellos admitían y más de lo que se considera apropiado. Ahora también me doy cuenta de que ella definitivamente no era la única mujer con la que él andaba.

Mi hermano llegó hoy a la ciudad y aún no lo he visto. Hablé con él por teléfono. Me dijo que él y mi primo iban a venir más tarde para hablar con el predicador. Que no quería que yo

estuviese en la casa cuando ellos hablaran. No me acuerdo a dónde fui, sin embargo, lo que sí se es que cuando regresé a casa el predicador estaba llorando y me dijo que mi hermano y mi primo "le cayeron encima". Él predicador me preguntó por qué yo había dejado que ellos hicieran eso, y yo le respondí, "pensé que sólo querían hablar contigo".

A veces siento que estoy orando inútilmente. No veo que Dios me envíe ninguna señal y en éste momento lo necesito como nunca antes. Parece que estuviera paralizada, y me siento con mucho miedo en este lugar, tomando en cuenta todas las dinámicas de lo que ha sucedido.

Cada vez tengo menos y menos confianza en la evangelista, yo sé que ella ora en contra mía e incluso anima a los demás a trabajar en contra mía. Imagínese, hacía unos meses yo realmente pensaba que la evangelista era una cristina respetable y madura. ¡Qué equivocada estaba! Un cambio es necesario para mí, y necesito un cambio dentro de mí.

Un día, cuando yo daba un paseo con los niños, me doy cuenta de un grupo de hombres trabajando en una casa cercana. Le pregunté al contratista si tenía otras casas disponibles. Él me dijo que pronto podría haber una disponible. Nos llevó a verla, y me encantó de inmediato. A Dios sea la gloria. Unas semanas más tarde recibí en el correo una carta de las autoridades de vivienda, diciendo que tenía una orientación para la Sección 8. Asistí a la orientación y recibí mi certificado para una casa de tres dormitorios. ¡Yo estaba tan agradecida de Dios! La casa estuvo lista en un par de semanas, y nos mudamos. Hablando de estar feliz, fue un momento increíble de felicidad.

La casa era muy agradable, espaciosa y bien cuidada por no decir menos. El patio era muy grande y cercado. Esto era una gran cosa. Yo estuve orando y pidiéndole a Dios por un cambio, y por este cambio me alegro.

Quiero dejar algo bien claro: que este momento de felicidad duró muy poco, ya que el predicador se dio a conocer aún más. Los engaños tomaron completamente un nuevo rostro. Él miente diciendo que va a un trabajo de segundo turno y yo me entero de que no existe. La compañía que él mantiene es más cuestionable. Ahora pasa mucho más tiempo en

Burlington, donde se ha mudado la evangelista. En realidad él va allá a recogerla para asistir a la iglesia en Greensboro. ¡Ah, por cierto, ella ha sido nombrada como asistente del pastor; esto es una broma! ¡Esto es una locura! La saga continúa con sus acusaciones diciendo que yo estoy siendo utilizada por el demonio cuando le pregunté por su paradero. Me dice que él es la cabeza y que yo necesito aprender a conocer mi lugar como esposa. Él está más agresivo y lleno de amenazas.

Estoy bajo un estrés constante y me pregunto qué tiene el próximo instante para mí. Casarme no era lo correcto para mí, las cosas no han mejorado desde que nos casamos, pero han empeorado. ¿Alguna vez se ha preguntado cómo terminó en una situación determinada? Aquí es donde yo estoy. ¿Cómo mi vida llegó a esto?

Hay un refugio para indigentes a la vuelta de la esquina de mi casa. Decidí ir y darme a conocer. Quería ver si podía comenzar a tener estudios bíblicos con las mujeres y los niños de allí. Yo quería una oportunidad para ministrar a esas mujeres lastimadas.

La directora me permitió venir una vez por semana, pero otras veces simplemente iba y hablaba con todo el mundo. A veces iba allí porque yo estaba buscando algo de consuelo, sin embargo, creo que yo también quería ver cómo las mujeres abusadas empezaban sus vidas otra vez. El tiempo que pasé allí fue sólo unos seis meses. Esto fue cuando el Señor me hizo saber que necesitaba ser sanada antes de ministrar a ese nivel.

¡Debo admitir que me di cuenta que yo era el ministerio de mi propio dolor, mi necesidad de curación, y mi clamor por ayuda! En realidad, a veces yo deseaba ser una de las que estaba en el refugio porque estar allí debía ser mucho mejor que vivir de la forma en que yo lo estaba haciendo. Aunque yo estaba en una casa bonita, no era un hogar. Era una apariencia de amor duradero, pero que estaba lejos de la verdad. Esto era una manera terrible de vivir. Esto no es lo que uno llama vida, sino un infierno cada día. No ir al refugio definitivamente requeriría de mi ciertos ajustes, no obstante, era por mi bien. Esta decisión me ayudó a ver lo

débil y quebrantado que en realidad estaba mi espíritu y sin duda me llevó a echarle una mirada más profunda a las circunstancias de mi propia vida.

Quiero ser bien clara cuando les digo que el predicador parecía estar feliz cuando dejé de ir al refugio. Este fue el único lugar en el que él no tenía ningún control. Como pueden ver, él

siempre buscaba el crédito de lo que los demás hicieran, si de alguna manera estaban relacionados con su ministerio.

# Capítulo 5

*Heridas cubiertas*

En este momento he sufrido tantos asaltos del predicador, que ya me he convertido en una profesional para cubrir las heridas y los moretones. Los moretones en el cuello y el pecho los

escondía debajo de una blusa cerrada al cuello o cuello de tortuga, y los otros rasguños en mi cuerpo fácilmente eran cubiertos por mi modesta forma de vestir. Mientras que soy hábil para cubrir las heridas, moretones y rasguños, no tengo esa misma facultad para ocultar el

dolor y sufrimiento que llevo en mi cuerpo por haber sido golpeada. Cuando me preguntan, simplemente contesto que estoy cansada y que no me siento muy bien.

Siendo esto en lo que se ha convertido mi diario vivir, yo he aprendido a sonreír con los santos para esconder el dolor de mi alma, aún con todo el sufrimiento y el dolor que siento en mi cuerpo por las peleas. Aún en muchas ocasiones, le he servido al predicador su bebida en la casa de Dios, con una sonrisa. Ciertamente con una sonrisa que no era sincera, aunque no creo que los demás se hayan dado cuenta. Pero, por supuesto él sí. Esto es lo que se esperaba

que yo hiciera, y por el temor de lo que yo tendría que enfrentar cuando llegáramos a casa. Yo accedía. Me mostraba como si todo estuviera bien. Hubo algunos domingos que fui a la iglesia con mis labios roto y fabriqué una mentira fantástica de lo que había sucedido. En mi interior yo me decía, "¡su obispo maravilloso (como el predicador se autonombraba) me golpeó, eso fue lo que me pasó!" Realmente quiero decirle la verdad a una persona respetada en el ministerio, pero en este momento tengo mucho miedo. ¿Cuánto tiempo durará esto antes de que alguien se dé cuenta de lo que realmente está pasando aquí? ¿Encontraré a alguien dispuesto a ayudarme a salir de este lío en el que me he metido? ¿Qué puedo hacer aquí? ¿Cuánto tiempo puedo fingir ser la primera dama feliz y sumisa honrando a su esposo (sólo de palabra)? Esto era una cubierta para que la gente no se enterara de la verdad.

Para él, mi honor no existía; sin embargo, mis heridas eran reales desde adentro hacia afuera. En medio de todo lo que estaba pasando el predicador se presenta ante los ojos del público como un marido y padre cariñoso y atento.

Él parece tener algo de la personalidad del Dr. Jekyll y Mr. Hyde. Era dulce un minuto, y luego se volvía gritón y trataba con mucha dureza a los niños. Por alguna razón, era más duro

con el más joven, su único hijo de sangre. Él era sólo un pequeño cuando eso, pero si yo lo alzaba con demasiada rapidez, de forma autoritaria el predicador demandaba que lo bajara, diciendo que tenía que aprender una lección. El predicador se ofendía si pensaba por un minuto que yo estaba tratando de rescatar a mis hijos. No importaba, aunque yo podía ayudarme, pero ellos estaban indefensos y eran totalmente inocentes. Tuve que lidiar con cualquier cosa que fuese, porque el abusar de mí era una cosa, pero maltratar a los niños era

algo completamente diferente.

Tres de mis hijos están muy tensos en presencia del predicador, eso es por miedo, no por obediencia o respeto hacia él. Mi hijo mayor casi no le tiene miedo. Mi hija menor es muy tímida y no desea estar cerca de él en lo absoluto, los gritos fueron suficientes para ella y muchas veces la hizo llorar. Mi hija y mi hijo mayor parecen ser los que él molesta menos. Yo siempre me he preguntado por qué. Después de un tiempo me enteré que el padre de mi hija mayor lo había amenazado si alguna vez le ponía un dedo encima. El padre de mi hijo mayor más o menos le había dicho a mi hijo que le hiciera saber si el predicador alguna vez lo molestaba. Yo creo que el predicador se sintió intimidado por él también, porque en realidad él nunca molestó a mi hijo mayor.

El predicador puede ser muy mezquino y hace su voluntad para controlar a los que están a su alrededor. Él quiere que hables su idioma y que bailes a su ritmo. Recuerdo una noche yendo al restaurante Bojangles en Raleigh después de un servicio de la iglesia. Quedaba cerca de la misma calle donde estábamos quedándonos y no muy lejos de la autopista interestatal. Él sentía que debía esperar y no gastar dinero en algo de comer. ¡Eso sí, era mi dinero y no el suyo!

Otros también tenían hambre pero nadie dijo una palabra. Él no tiene empleo y no lo ha tenido en mucho tiempo. Él me cayó encima tan severamente, que tuve que salirme del coche, y eso que estábamos en la línea para ordenar el pedido de comida. No creo que había suficiente aire en el coche para los dos respirar, sin duda me llené de rabia hacia él.

El predicador no sólo me avergonzó, me humilló frente a los demás como si yo no fuera nada. Me sentí tan pequeña, yo deseaba poder caminar hacia la casa solo para  tener la oportunidad de estar sola. ¡Él se bajó del  coche detrás de mí, insultándome, y después me preguntó que por qué  demonios yo estaba llorando! Yo he tenido mucha gente en mi vida que me ha maltratado. Esta noche le deseaba el mal a esté hombre. Yo sabía que estaba mal, y yo quería justificar mis sentimientos a Dios. ¡Tuve que ir a un lugar de arrepentimiento y mantener la guardia!

Al día siguiente, yo le dije que pensaba que él estaba equivocado en la forma que me trató, sobre todo en presencia de otras personas. Oh, no, él no podía estar equivocado. Yo era la errada y no era sumisa. Recuerdo que estaba tan molesta que tomé un taxi a la casa de una amiga. Yo lloraba sin control. Sin duda estaba muy mal. Sabía que tenía que dejarlo, pero no sabía cómo. Una amiga evangelista se dio cuenta de los moretones y rasguños y me preguntó acerca de ellos. Esta vez compartí con ella el infierno en que vivía. Por supuesto que se sorprendió, "no el obispo" fue la expresión de su cara, pero entonces hubo algunas áreas cuestionables de su vida, afirmó. Ella sabía que algo no estaba bien con él. Yo seguí

cubriendo las heridas dentro y por fuera con la mayoría de la gente. ¡Mi esperanza y oración, como siempre es para que Dios hiciera un camino, ya que yo pertenezco a él!

# Capítulo 6

## *Preparándome para la batalla*

Hay muchas cosas en la vida para lo cual nosotros nos preparamos. Nos preparamos para la necesidad de detenernos de repente o para un difícil viaje, nos preparamos para las malas noticias, nos preparamos para una tormenta fuerte, y hasta nos preparamos para un ataque o una batalla que vemos venir. Yo encontré la necesidad de prepararme para la batalla en cada una de estas situaciones. La presencia del predicador significaba que la batalla tenía que ser peleada espiritualmente y algunas veces físicamente. Las cosas han llegado a ser tan malas que ya comencé a dormir con ropa. La intimidad es cosa del pasado. Ya no me importa e incluso no le tengo confianza de ese modo. Tengo que dormir con la ropa puesta, porque nunca sé cuando tenga que defenderme. Dado el hecho de que ya no comparto mi cuerpo con él, eso aumenta la probabilidad de un altercado físico. Mi opinión es que el predicador no es discreto en este momento. Él tiene unos horarios muy tarde y amistades muy extrañas diría yo. En todo caso parecía que a él le gustaba tomarme por sorpresa, por lo cual venía a las dos o tres de la mañana, si llegaba.

Esta noche en especial cuando llegó miserablemente tarde, insistió en que me levantara porque quería hablar. No le importaba lo tarde que era o que yo estuviera dormida. Como siempre, lo que importa es él. Yo estaba segura que él estaba bajo la influencia de algo, esta no era la primera vez que algo así sucedía, pero en esta ocasión no estaba asustada como había ocurrido en tiempos pasados. La oración y la palabra de Dios estaban trabajando en mí. Estaba decidida a estar lista, y si me daba miedo, yo no iba a dejar que él lo supiera. Cuando tomé la decisión de levantarme, no fue porque yo estaba cumpliendo con su demanda, sino porque yo no quería ser atrapada en una posición indefensa, yo necesitaba defenderme. No tengo ni idea qué tipo de expresión tenía en la cara, obviamente no le gustó. ¡Me dijo es mejor que desaparezca esa sonrisa de tu cara! Le dije que no podía decirme cómo mirar o

algo por el estilo. Se lanzó hacia mí y puso sus manos alrededor de mi cuello y comenzó a ahorcarme.

Mi cuerpo estaba contra la pared. Empecé a rasguñarlo y a patearlo, y me empezó amenazar con lo que me haría. Cuando se dio cuenta de que yo lo había arañado, ¡Señor, ten piedad!, él estaba más furioso y me di cuenta que realmente yo estaba en una batalla. Cuando la pelea había terminado, los niños se levantaron y él ya se iba. Lo más que puedo recordar fue que había llamado al 911 y tiré el teléfono. La policía llegó y fue llevado a la cárcel. Más tarde me di cuenta de una pequeña botella marrón sobre el vestidor. Yo nunca antes había visto esa botella. La recogí. Yo sabía que no era aceite, ya que después de dar vuelta hacia arriba y hacia abajo vi que el líquido era demasiado delgado. Lo abrí y lo olí. Sentí como si hubiera pasado por mi cabeza y el resto de mi cuerpo. Yo me imaginaba que él estaba usando algún tipo de droga. Evidentemente ésta era una droga. No tengo ni idea donde pudo haberla conseguido.

Para mi decepción, el predicador fue puesto en libertad el día siguiente. Él estaba tocando la puerta, pero yo me rehusé a dejarlo pasar; los niños estaban corriendo y gritando por la casa y decían a gritos que él estaba en la puerta. Él finalmente llamó a la policía. Ellos me dijeron que lo tenía que dejar entrar, porque él vivía allí. ¿Puede creerlo? Él parecía estar más calmado.

Asegura que está buscando trabajo y quiere ir al centro para poner una aplicación con una agencia de cuidados de salud. Esta se encontraba en el edificio Dorothy Bardolph. No recuerdo, pero de alguna manera yo sabía que allí adentro había un lugar donde podía ir a buscar ayuda con una 50B, que es una orden de protección. Yo me moría por entrar aprovechando que él no estaba en esos momentos pero estaba tan paralizada por el miedo de que él me sorprendiera, que no podía salir del coche. En mi mente me salgo del coche y entro al edificio, pero mi cuerpo no responde. Me sigo diciendo a mi misma que debo seguir adelante, pero no puedo, porque estoy inmovilizada por el miedo. Finalmente, cuando él sale del edificio empezamos a platicar. Pero cuando estamos a solo una cuadra de la casa ya estamos discutiendo. Él se desvía y yo le pregunto a dónde vas. Él me dice tan solo "!cállate!" Sé que esto es muy grave. Terminamos cerca del Parque Nocho de la calle Lee.

Yo le empecé a decir algo, pero él se echó hacia atrás y me golpeó bien fuerte. Pienso que debe haber perdido la cabeza.

Estoy aterrorizada en este momento. Le ruego que me deje salir del coche. Se niega a hacerlo. Entonces me lancé del coche mientras estaba en movimiento, y corro hasta una casa cercana y golpeé la puerta histéricamente. Una señora salió y ve que estoy alterada. Le pregunté a la señora si por favor podía entrar. Gracias a Dios que me permitió entrar. Yo estaba nerviosa y asustada. *Yo no conozco a esta gente, y ellos pensarán que debo estar loca.* Me tranquilicé después de un rato y le pregunté a la señora si podía llevarme a la casa que estaba a solo unos dos minutos. Ella amablemente me llevó a casa y me preguntó si yo estaba bien y si estaba segura de querer volver. Le di las gracias y salí del coche.

No tengo ni idea de cómo voy a salir de esto, pero sé que voy a conseguirlo a través de la gracia y la misericordia de Dios. Rezo todos los días para que Dios envíe a alguien o me permita cruzarme en el camino de alguien que me pueda ayudar, hablarme o que esté en contra de esta vida de abuso. El señor continúa diciéndome que lo alabe, y sé que él está

trabajando por este propósito no sé cómo. Pero sé que las cosas están trabajando para mi bien independientemente de mi sufrimiento.

¡Las palabras de Dios son verdaderas, y yo creo que no importa lo que las probabilidades puedan                                                                                                              ser!

# Capítulo 7

## *¡Tomando otra salida!*

No soy capaz de recordar el orden de estas discusiones o de cómo ocurrieron estas peleas. Como usted verá, son tantas. Sé que por un periodo de tiempo yo también he suprimido de mi mente muchas cosas, hasta este mismo día. Si bien no soy capaz de tener con certeza el orden de los acontecimientos, tengo la certeza de que sí ocurrieron los hechos. Con demasiada frecuencia, me encontré tomando otra salida con el fin de alejarme del predicador y de su comportamiento violento.

Nosotros tuvimos otra pelea y corrí fuera de la casa. Tengo que encontrar un teléfono en alguna parte porque el mío había sido desconectado. Es tarde en la noche, y todas las luces en las casas vecinas están apagadas. Sigo corriendo por la calle Watson, me dirijo a Lee Street hacia el Este. ¡Sé que allí hay una cabina telefónica y puedo llamar a la policía! ¡Oh, mi Dios! Llego, y el cable del teléfono está roto. Ya pase más allá del grado del miedo, porque sé que el predicador está justo detrás de mí. Él me agarra y, básicamente, me escoltó de regreso a casa. No tengo ni idea de lo mal que las cosas puede llegar en este momento. Recuerdo que el corto camino a casa parecía aún más corto, a causa de mi propio miedo de lo que me enfrentaría de vuelta a casa.

Éste es un día de verano, y he abandonado el hogar para escapar del predicador. La casa de mi madre es hoy mi refugio. Llamé un taxi para que nos lleve a mí y a mis hijos. Estoy muy agobiada y triste. En mi corazón siento la necesidad de gritar. Empecé a llorar, y ella me llevó a la parte de atrás del porche y me pregunta: "¿Qué pasa?" Comencé a compartir con ella que ya no podía aguantar más.

Quiero desahogarme y decir todo, pero no puedo como quisiera, porque sé que mis hijos ya están perturbados y aún más, quizás están escuchando lo que estoy diciendo. Mi madre prepara una buena cena para nosotros, pero no puedo comer.

Los niños comen y luego recogen un caramelo de la mesa de los dulces. Mi madre me dice que una tormenta está por venir. Llamé a un amigo ministro para que nos lleve de regreso a la casa. En el camino a casa, la lluvia comenzó a caer muy fuerte. Llegué a casa y no podía entrar, él había cerrado con llave dejándome afuera. Yo le insistí a mi amigo que se fuera, a pesar de que había truenos y relámpagos. Yo sólo quería que me dejara sola. Los niños continuaban haciendo preguntas. Les dije que nosotros simplemente deberíamos cantarle al Señor y que él nos protegería. Yo sabía que ellos tenían miedo.

El predicador había salido y cerrado la casa con llave, probablemente porque lo había dejado. Anteriormente cuando él ha salido de la casa, ha dejado la puerta sin llave muchas veces, por lo que yo estaba segura que si le puso llave a la puerta era simplemente por maldad. Un vecino nos vio en el porche y me preguntó si todo estaba bien. Yo le dije que sólo estábamos esperando a que el predicador llegara y nos dejara entrar. Yo oraba para que él viniera pronto. Con la intensa lluvia, empezaba hacer frío y estábamos muy mojados. Todos estábamos temblando mientras la lluvia empapaba nuestra ropa. El viento siguió soplando y llovía hasta bajo el toldo del porche donde estábamos.

Creo que estuvimos en el porche alrededor de una hora antes de que él llegara, no sólo estaba frío y húmedo, sino también bastante oscuro. ¡Finalmente regresó y su comentario fue que de cualquiera forma yo no tenía por qué haberme salido de la casa!

¡A veces me pregunto si las cosas podrían ser peor! Bueno, puede ser, y para mí las cosas empeoraron. Hoy fui acosada por el predicador y me siento tan amenazada que tuve que escapar de la casa. Empecé a caminar más rápido, y de repente me di cuenta que estaba corriendo. No puedo ver con claridad, porque mis ojos están llenos de lágrimas. Me siento como si tuviera una montaña en la garganta, apenas puedo tragar. Solo quiero llegar a la iglesia que está a sólo una corta distancia en la calle Gorrell.

Si puedo llegar a la casa de Dios, entonces todo será mejor, puedo orar y hablar con el Señor.

Estoy en las puertas de la iglesia, y ellas están bajo llave. Voy a las puertas del lado de la iglesia y también están aseguradas. Corro hacia la parte posterior y estoy llena de ansiedad porque temo que la puerta trasera también esté asegurada. Tal como me temía, está cerrada, toco pero nadie responde, no hay nadie allí.

Me siento tan sola y tan abandonada. ¡En este momento siento que soy la única persona en el mundo viviendo este infierno en el que me encuentro! Es tarde y afuera está oscuro pero no importa. Me siento vacía y necesito una solución para el dolor, la tristeza y la agonía que llenan mi vida.

Son mis hijos los que me ayudan a mantener una sonrisa en mi cara y por la gracia de Dios que continúo caminando con un pie hacia delante cada día. Esta noche estoy cansada, cansada del predicador, cansada de que mis niños vivan en este lío que yo ayudé a crear y cansada de vivir. Yo sigo caminando sobre la calle Lee y continúo por la avenida Morrow. En este momento pienso en encontrar una caja, sí, una caja. Estoy en busca de una caja lo suficientemente grande como para meterme dentro de ella. Cuando consiga una voy a

meterme dentro de ella y no voy a salir por ningún motivo. Esté va a ser el lugar donde me voy a sentar y morir. Pero en ese preciso momento, pensé en mis hijos. ¿Quién los criará con temor de Dios? ¿Quién los amará a ellos como yo y no los maltratarán por los padres que tienen? Las respuestas a estas preguntas me sacudieron considerablemente.

Yo sabía que nadie podría amar a mis hijos de la forma en que yo lo hago, y sabía que no había nadie más para asegurarse de que crezcan en el temor de Dios. ¡También quería que mis hijos tuvieran una vida mejor a la que yo había tenido! ¡Aunque yo no deseaba vivir, yo

no estaba dispuesta a morir tampoco, ni siquiera mentalmente! Di la vuelta y caminé de regreso por debajo del puente. ¡Me puse a rezar y hablar verdaderamente con Dios! ¡Realmente necesitaba su ayuda para mi propia fortaleza mental, y mis hijos necesitan a su madre!

La palabra de Dios nos permite saber que hay un tiempo para todo, y llegará el momento en el que no tenga que preparar otro escape. No siempre estaré huyendo. Las cosas tienen que mejorar en algún momento. ¡Dios me ha prometido que nunca me dejará ni me desamparará, y elijo creer eso! ¡Aquí tengo otro episodio que recuerdo! Después de otra acalorada batalla, yo sé que va a buscarme en cualquier momento. He aprendido a distinguir una cierta mirada en sus ojos. Estoy en alerta y preparada en este momento para escapar en caso de ser necesario.   Y   preciso   él   dice,   "te   voy   a   mostrar   algo"

De inmediato corro hacia la puerta. Corro por las escaleras, por la acera, y bajo algunos escalones más. Tengo miedo que vaya a caer, porque estoy con mucho miedo y sé que él está aún más enojado porque salí corriendo. Él está detrás de mí, parece estar corriendo tan rápido como yo. Estoy orándole a Dios para que pueda llegar a la parada de taxis. Yo sé que las personas allí me ayudarán si yo les digo quién soy. Mi tío abuelo es el gerente, tienen que dejarme entrar. Estoy cerca, pero él no está tan lejos de mí y me grita, "¡Espera a que te atrape! ¡Yo te voy alcanzar!"

Llego a la parada de taxis y golpeé la puerta tan fuerte como pude. "Déjenme entrar. Déjenme entrar por favor. Él me va a lastimar". Una señora viene a la puerta. Yo le digo: "Por favor, déjeme entrar". Ella se niega. Otra dama escucha mi voz, corre al lugar y le insiste que me deje pasar. En ese momento perdí todo el control, creo que casi todas las emociones dentro de mí salieron precipitadamente en forma de dolor y lágrimas. Estaba inundada de dolor, me parecía no tener control sobre lo que estaba pasando conmigo. Yo sabía que tenía que reponerme, pero estaba luchando conmigo misma y con lo que me esperaba más adelante.

Mi cuerpo está temblando. La dama en la parada de taxis no puede localizar a mi tío por teléfono y por eso llama a la policía. Una de las señoras me acompañó a mi casa, esperando que llegue la policía en cualquier momento.

La policía llegó; no estoy segura cuanto tiempo se tomó. Le expliqué lo que había sucedido y que esta no era la única vez, entonces ellos me sugirieron llenar una 50B. Todavía no tenía el suficiente coraje y fuerza para seguir adelante. ¡Todavía no!

# Capítulo 8

## *Enfrentando mis temores*

Gracias a Dios tengo a alguien cerca donde puedo ir a refugiarme nuevamente. Sé que tengo que dejarlo, pero todavía no creo que deba salir de mi casa. ¡Yo necesito conseguir un lugar donde pueda escuchar a Dios! Necesito un poco de orientación.

Empaqué suficiente ropa para mis hijos para una semana, también guardé comida para llevar con nosotros. Me aseguré de dejar un poco o casi nada de comer para él. Llamé a una amiga para que me recogiera. Ella ha sido testigo de algunos de los traumas que he vivido. Ella está de acuerdo en ayudarme a recoger a los niños de la escuela cada día, y yo hago otros arreglos para llevarlos a la escuela.

Durante mi estancia en la casa de mi amiga evangelista yo paso tiempo con Dios en oración y en su palabra. Después de haber terminado lo que yo creía que Dios quería que yo

hiciera,volví a casa. Creo que estuve fuera unas cuantas semanas. Cuando mis hijos llegaron de la escuela este día en particular, les dije que íbamos a regresar, para ellos esa era su hogar. Para mí, esa casa era solo un lugar donde pasar la noche, siempre y cuando el predicador estuviera allí. Regresamos, y yo sabía que no iba a ser fácil, ¡pero yo estaba dispuesta a enfrentar mis miedos! ¡Recuerdo al Señor diciéndome de no mirar hacia atrás en esta

ocasión,      ya      que      él      me      ha      liberado!

La atmósfera en la casa no es muy diferente. Sin embargo, me siento diferente de alguna manera después de haber estado delante de Dios y a lo que se refiere a mi lucha personal con el predicador. Él pretende estar trabajando pero como siempre, yo nunca he visto el dinero. Normalmente, en vez de darme el dinero se supone que él pague el recibo del agua. No creo que lo haga, pero tengo que esperar a ver si cumple. Unos días más tarde mientras estoy en la cocina, oigo un vehículo afuera. Me asomo por la ventana y hay una camioneta blanca cerca de la casa. Como no estaba en frente, no pensé mucho en eso.

Pero cuando estaba enjuagando los platos, el agua poco a poco dejó de correr por el grifo. Con gran frustración, me dije: "Yo sabía que no iba a pagar esa cuenta". No debería haberme sorprendido o estar indignada, pero al mismo tiempo me decía a mí misma, *no puedo creer que fuera tan frío e indiferente para dejarme aquí con cuatro hijos y no pagar la cuenta del agua. Ni siquiera se preocupa por su propio hijo al hacer algo como esto.* No solo no paga la cuenta del agua, sino que además no regresa, o incluso no llama.

De todos modos el predicador probablemente nunca pensó en pagar la cuenta. Me hizo creer que iba a pagar la cuenta, y luego me llega un aviso del corte de servicio en el correo. Supongo que esta es su forma mezquina de expresar que no se siente afligido y de tomar control de lo que a mí me sucede. Por fortuna, el servicio de agua solo estuvo suspendido por menos de veinticuatro horas porque yo tenía dinero y pude pagar la cuenta.

¡Hay algo que se llama audacia pero otra cosa es estar loco! Cuando el predicador por fin regresó a casa, él llegó con una mujer que por cierto sé quién es. La conocí en una iglesia en Raleigh. De hecho, hace un tiempo ella ofreció su casa para que mi familia se quedara allí una noche, mientras el predicador estaba ministrando. Siempre tuve mis sospechas, pero nunca dije nada al respecto. Ella es una entre tantas. Los dos juegan el papel de inocentes, justamente ella va con él a su comparecencia ante el tribunal. Eso sí, trae un bolso ya que dice que va a pasar la noche con nosotros. Intercambiamos pocas palabras, y él está de salida.

El predicador no se molesta en regresar a casa después de ir a la corte, en cambio, vuelve a casa a los pocos días, sin dar una explicación razonable de por qué no pagó la cuenta del agua. De todos modos él no podía darme una excusa que hubiera sido aceptable, nada podía justificar sus acciones.

Cuando él llega, pregunta si yo había cocinado. ¡Pienso que él tiene que estar loco! A fin de cuentas, ¿por qué me pregunta si he cocinado? Mi respuesta fue: "No, ¿acaso no tenían comida donde estabas?"

Yo sabía que él estaba enojado, pero no me importa, esta vez yo no iba a correr a atenderlo. Él quería que yo me sentara a conversar y le dije, "no me interesa sentarme; yo puedo hablar de pie".

Dios es mi testigo de lo que ocurrió, se enojó tanto que me gritó: "Te dije que te sentaras, y lo digo en serio", como si yo fuera su hija o algo así. Aún así me negué a sentarme. Él se levantó de la silla y se lanzó con furia hacia mí, como siempre lo hacía.

Empecé a sentir mucho temor y mis ojos se comenzaron a llenar de lágrimas. Pero tan sencillo y claro como esto, oí la voz de Dios que me decía "¡No dejes caer una sola lágrima de tus ojos!" No sé a dónde se fueron mis lágrimas, pero les puedo asegurar que nunca salieron de mis ojos. Como mi madre decía, supongo que se esfumaron allí mismo.

Yo sabía lo que estaba a punto de suceder, en ese momento, me sentía con una sensación de seguridad que nunca antes había sentido al lidiar con el predicador. Él se puso de pie frente a mi cara y empezó a gritar. Yo no iba a ser la misma víctima. Aunque él me golpeara yo no iba a quedarme quieta y dejarme golpear o cubrir mi cara y protegerme la cabeza. También estoy segura de que en esta ocasión tampoco voy a salir corriendo.

Todo lo que sé es que él levantó la mano para pegarme. En esta ocasión yo no le di la oportunidad de golpearme primero, me lancé sobre él cuando vi que levantó la mano. Todavía hoy en día no puedo explicar cómo él terminó tirado en el suelo boca arriba y yo sobre él. Yo le pegaba como si no hubiera un mañana. ¡No sé quién llamó a la policía, yo sólo sé que se presentaron! Dos de sus amigos estuvieron allí justamente antes que llegara la policía y acabaron con la pelea. Después de que la policía habló con ambos y luego examinaron su cara, me querían detener. ¿Puede usted creer esto?

Debo decir que le di duro y me sentí mejor por lo mismo. Creo que sentí una cierta sensación de auto poder después de esta pelea.

Luego recordé que un par de semanas antes de este incidente, cuando acababa de salir de la ducha, yo oí que el Señor me decía: "¡Yo voy a darte una fuerza sobrenatural!" Me miré en el espejo empañado como estaba, y pregunté por qué. Simplemente no lo calculé en ese momento, pero lo llevé en mi mente. ¡Esta era! ¡La fuerza que necesitaba para lidiar con el predicador sin miedo! El resultado fue que compartí con los policías el constante abuso que yo había estado experimentando y las muchas veces que yo había llamado a la policía para pedir ayuda. Ellos verificaron las veces que los agentes fueron enviados a nuestra dirección y pudieron comprobar que yo les decía la verdad acerca de las veces que los había llamado.

De alguna manera ellos encontraron suficiente información como para dejarme en paz y le pidieron al predicador salir de la casa. Con la fuerza y el valor de Dios finalmente fui y

solicité una 50B (orden de restricción). Nuestro sistema judicial no es lo que solía ser, y eso es bueno, sin embargo, necesita una revisión. El predicador fue ubicado y detenido.

Por desgracia, al caer la noche él estaba en mi puerta golpeando y llamándome. ¡Yo no lo podía creer! ¿Cómo puede ser esto? Yo esperaba por lo menos que a él lo encerraran durante unos cuantos días o más. Hice exactamente lo que me dijeron que tenía que hacer y llamé al Departamento de Policía de Greensboro. Cuando ellos llegaron, él estaba tratando de escapar. ¡Demasiado tarde! Les dijo que sólo quería sacar su ropa. Ellos le creyeron esa mentira. Puse algo de su ropa en el porche y todos se fueron.

A los pocos días fui a un servicio de la iglesia. Al llegar a la casa me di cuenta que la luz del porche estaba apagada. Yo estaba segura que la había dejado encendida antes de salir. Le pregunté a la hermana con quien andaba que esperara hasta que yo entrara y me asegurara que todo estaba bien. Recuerdo que los niños estaban dormidos. La niñera estaba bien y se fue a su casa. Una hora más tarde, cuando yo ya estaba en la cama, no dejaba de oír ruidos extraños, pero no podía distinguir de donde venían los ruidos. Finalmente, me quedé dormida. Pero un poco más tarde me desperté de repente y allí estaba el predicador, parado junto a mí. No me acuerdo haber estado tan confundida como en ese momento. No podía pensar lo suficientemente rápido.

Él debió haberse escondido en alguna parte fuera de la casa y dañó el bombillo para que yo no pudiera verlo. Sin realmente poder procesar cada uno de mis pensamientos, me pregunto, *¿Cómo hizo para entrar a la casa? ¿Qué quiere? ¿Qué va a hacer?* Sólo Dios podría sacarme de esto. Me levanté y me fui para el teléfono, pero por supuesto que él ya lo había alcanzado. Dijo que sólo quería hablar. Me sentí como si no tuviera otra opción. Habló de lo mucho que estaba arrepentido y necesitaba que yo lo recibiera nuevamente. Estaba deprimido y él seguía y seguía, era un peso que aumentaba en mí a medida que avanzaba el tiempo. Parecía sentirme más débil cada minuto.

Tuve que coger fuerzas para estar segura de no decir algo equivocado solamente por salir de él. Se fue después de varias extenuantes horas. Me rogó que no le llamara a la policía.

Le dejé bien claro que él no podía regresar a la casa o de lo contrario los iba a llamar.

En una fría noche, yo había llevado a los niños a la cama más temprano que de costumbre como lo hacía durante el invierno. Me quedé dormida en el sofá de la sala. De repente desperté y me senté derecha en el sofá. Escuché un ruido a mi izquierda, y allí estaba el predicador entrando por la puerta corrediza de vidrio. Sé que el Señor me despertó justo a tiempo. Salí corriendo por la puerta y llamé a la policía desde el teléfono de un vecino. Por supuesto, en el momento en que llegó la policía él se había ido hace rato. Quedé hecha un manojo de nervios por el resto de la noche y durante algún tiempo después de eso.

Las cosas estaban tan mal con él porque no quería darse por vencido, que en ocasiones yo tenía que invitar a amigas a pasar la noche conmigo o que al menos se quedaran tan tarde como pudieran. Realmente no tuve tiempo de recuperarme antes que de nuevo él insistiera. ¡El predicador estaba tan mal, que no solo él me acechaba, sino que tenía a alguien más que puso a seguirme! Yo no podía creerlo. Su mente parecía no estar funcionando bien. Una persona en su sano juicio no muestra estos tipos de comportamiento. Por eso, yo me volví aún más cautelosa. No estoy segura de cuántas veces irrumpió en la casa mientras nosotros dormíamos, pero sé que fueron más de cuatro veces.

Y en esas ocasiones llamé a la policía, pero si él era arrestado se las arreglaba para salir de la cárcel pasadas veinticuatro a cuarenta y ocho horas. Sentí como si eso fuera un tipo de juego para        él.        El        sistema        judicial,        es        otra        historia.

Los niños se están preparando para ir a  la cama, yo estoy limpiando la cocina. Creo que escuché algo, pero no estoy muy segura. Muchos pasean por el área, así que no le di

importancia al ruido. Más tarde, uno de los niños me dijo que creyó oír a alguien por la parte trasera de la casa. Nosotros no teníamos una puerta  trasera, así que no había manera de mirar

y ver. Pensé que era el tráfico de la noche, porque había un camino que era conocido que pasaba a lo largo del lado de la casa y por la parte de atrás. Después que los niños estaban en la cama y dormidos, yo seguía recogiendo alrededor de la casa, mientras prestaba cuidadosa atención                a                cualquier                ruido.

Decidí ir a la sala y de nuevo puse atención, pero no oí nada. El teléfono sonó, lo contesté y me puse a hablar con una amiga. Al tiempo que conversaba, escuchaba unos extraños ruidos que no acababa de figurar lo que podrían ser. Sonaba como algo que se estuviera moviendo. Le dije a la persona con quien estaba hablando lo que escuché. También le dije que pensaba que el ruido se sentía debajo de la casa. ¡Esto es una locura! Yo terminé con la llamada y continué escuchando el ruido debajo de la casa. Ahora sé con certeza que el predicador es el que está debajo de la casa. ¡Tenía que ser el predicador!

Decidí llamar a la policía. Salí por la puerta principal, crucé la calle y los llamé. Tuve la precaución de abrir la puerta sin hacer ruido y la dejé entreabierta en lugar de cerrarla completamente. Hablando de alguien corriendo rápido ida y vuelta, yo hice ese viaje tan rápido que quedé sin aliento. Me sentí bien una vez que estaba de vuelta dentro de la casa con la puerta cerrada con llave. Pensar que él entrara a la casa no era una preocupación en absoluto. (Él tendría que literalmente romper las ventanas o algo así, porque un obispo amigo mío había clavado y asegurado todas las ventanas para que yo pudiera sentirme segura y dormir por la noche).

Todo lo que sabía era que la policía estaba en camino y no importaba nada ya que yo estaría bien hasta que ellos llegaran. En tan sólo un corto período de tiempo, golpearon en la puerta.

A pesar que esperaba que fuera la policía, no hice ninguna suposición, con mi voz nerviosa y un poco quebrantada, yo pregunté que quién era. Ellos respondieron, "el Departamento de

Policía de Greensboro". ¡Oh, Dios mío! Sentí que comenzaba a quitarme un peso de encima en ese momento. Ellos entraron, y les expliqué lo que había ocurrido. Ellos me dijeron que cerrara las puertas y mandara a los niños a sus habitaciones. Cuatro o cinco oficiales de la policía fueron por la parte de atrás.

Yo escuchaba que ellos hablaban desde la parte posterior de la casa, pero no entendía lo que decían. Ellos le ordenaron al predicador que saliera, esto sí lo escuché. Yo no estaba muy sorprendida, pero me dije a mí misma, *¿Qué?¿Puede creer esto?* La policía habló con él y se lo llevaron a la cárcel para una estancia corta, como de costumbre. Había cal en toda su ropa, yo había visto esto en él antes, pero no tenía ninguna conexión con que fuera por estar debajo de la casa.

Ahora yo me doy cuenta que hace un tiempo atrás, cuando lo vi con tanto polvo era que había estado debajo de la casa. Él me había preguntado sobre algo que él oyó que yo dije anteriormente. Él dijo la verdad. Él me escuchó, porque estaba debajo de la casa arrastrándose mientras yo me movía con el teléfono inalámbrico. ¡Esto era completamente obsesivo, demente y malvado! Estoy segura que si yo estuviera más familiarizada con términos médicos podría añadir otro diagnóstico. ¿Puede creerlo? Debajo mi casa. Este hombre tiene grandes problemas: él mismo me ha seguido, ha tenido a alguien más para que me siguiera, se escondió debajo de mi casa, desenroscó el bombillo del porche, se escondió a un lado de la casa y de repente se apareció.

Esto es lo que hice: Los niños y yo nos fuimos a pasar la noche en casa de una amiga. Cuando regresamos a la casa, estaba muy nublado. Mi hijo mayor era conocido por decir las cosas más insólitas y ver lo que nosotros no podíamos ver. El predicador había conseguido una camioneta de alguien, diciendo que iba arreglarla y transportar personas a la iglesia.

Bueno, como ustedes ya saben, nunca hizo lo que dijo. Estábamos en el coche charlando antes de que yo llevara a los niños dentro de la casa. Y mi hijo dice: "Mamá, hay un hombre en la camioneta". Le pregunté: "¿Qué?"

# Capítulo 9

*Una visión colectiva*

"Una visión colectiva" es una recopilación de las opiniones de aquellos que fueron testigos de algunos de los acontecimientos que tuvieron lugar con respecto a mi abuso. Algunos de los escritores también comparten la forma en que fueron adversamente afectados por ser testigos del abuso.

Él jugó un buen partido, pensé que amaba a mi hermana y a sus niños. Recuerdo a mi hermana llamando a mi madre, diciéndole que él la había golpeado en una ocasión. También

recuerdo que durante el tiempo que yo vivía un estilo de vida acelerada, tenía un amigo cuyo primo llevaba una vida homosexual. Mi amigo y yo frecuentábamos la casa de este chico (homosexual). Un día que estábamos allá donde este hombre a quien yo lo llamaré "J" nos dijo que él tenía una pareja. ¡A los pocos días estábamos en el apartamento de "J" y alguien tocó a la puerta, y "J" dijo, "se dan cuenta, les dije que tenía un hombre en mi vida! Me sorprendí porque era el predicador. Le dije a mi amigo que él era el marido de mi hermana. Él me miró como si no pudiera creer que era yo. "J" nos había dicho cómo el predicador le

decía a mi hermana que iba a la iglesia, luego él tiraba la ropa por la ventana del baño y la recogía cuando salía de la casa. Cuando llegaba a donde él iba a ir, entonces se cambiaba.

Luego, conversando con mi madre, ella dijo "¡ese tal por cual y sabrás que yo le puedo dar su merecido! (ella se refería al predicador). Yo le dije a mi madre "Ven. Vamos ir a golpearle el trasero". Conseguimos quien nos llevara a su casa.

Mi madre en ese momento dijo: "Ha llegado el momento". Nosotras le caímos encima, le azotamos el trasero. Su madre llegó después que ya todo había terminado y nos buscó pelea, mi madre estaba lista. Pero el hombre que nos llevó, la sujetó. ¡Su madre me insultó, pero yo le dejé saber que yo no peleaba con personas mayores. Él llamó a la policía, pensando que ellos nos iban arrestar y llevarnos presas.

La policía tenía una orden de arresto en contra de él. ¡Por lo que se lo llevaron arrestado! Él no era un buen hombre para mi hermana. ¡Gracias a Dios que ella tiene un buen esposo ahora!
Brenda J. Albright

\*\*\*\*\*\*

Conocer a Marva y al predicador fue un gran cambio en mi vida, con referencia a los buenos amigos y al ministerio. Parecía ser un comienzo maravilloso. Esta familia parecía ser muy amorosa y trabajaban muy juntos con el ministerio. El predicador fue un cantante, un profeta

y un músico. Yo veía a su esposa de pie con él a cada paso del camino. Ella crió a sus hijos (uno era del él y los otros antes del matrimonio) y fue una esposa para él. Fui testigo de esto en                            muchas                            ocasiones.

Mi hija y yo nos hicimos muy amigos con su familia. Al principio, no me di cuenta que había un problema. Esta era una familia encantadora. Pero más tarde me di cuenta que algo estaba mal. Un día cuando llegué a visitarlos como de costumbre, me di cuenta que había un espíritu de ira. Marva venía de la parte de atrás de la casa, ella hizo todo lo posible para cubrir a su

marido y ocultar sus emociones. Pero ese día en particular fue el inicio para que ella pudiera decirle a alguien lo que estaba pasando.

Yo pensaba, ella es una mujer de Dios; me preguntaba por cuánto tiempo habría estado viviendo en esta situación de violencia y abuso. Yo sabía que ella necesitaba a alguien a su lado para que con la ayuda de Dios pudiera salir de esto. Estaba preocupada por los niños y por su bienestar. Sabía que el abuso no era correcto, no importa de dónde venga. Quería asegurarme que la ayuda estaba allí.

¡Yo sabía que Dios la iba a sacar de esto, ella era una mujer fuerte de Dios! Me refiero a su fortaleza, porque por mucho tiempo tuvo que soportar esto sin que nadie pudiera saber lo que estaba pasando en su vida en el hogar.

Yo no podía entender cómo un ungido recipiente de Dios podría comportarse de esa manera; este predicador era ungido. Nunca se puede saber sobre una persona, nunca se sabe quién es quién. Nunca sabe quién está sufriendo ni hasta qué grado.

Yo he aprendido a través de estas experiencias en no poner mi confianza en el hombre, sino confiar en Dios. No debemos cerrar los ojos a la impiedad. Conociendo a ambos en ese momento, también conocí a muchos profetas, hombres y mujeres similares. Sé que tuvieron que cerrar sus ojos a la impiedad que ocurría. Pienso en el peligro en que ella estaba y que

nadie alzó la voz por ella, ni que nadie levantó una mano para rescatarla a ella y a sus hijos. Cuando digo esto, me refiero a los hombres y mujeres de Dios que tenían los medios e

influencias para hacerlo. No debemos ser movidos por los dones y los llamados, si no hay arrepentimiento. Debemos buscar el fruto en sus vidas.

Dios bendiga a todos y a cada uno de los lectores de este libro. Yo creo que va a ser increíble.

Cynthia Clark, Evangelista,

\*\*\*\*\*\*

*Voy a reflexionar sobre mis recuerdos y tratar de ponerlos en orden lo más preciso como sea posible para crear una imagen de mis sentimientos y experiencias.*

*Recuerdo aquellos días cuando a menudo sentía lo que estaba pasando y lo que yo estaba viviendo. Yo estoy muy agradecida de haber tenido conmigo al Espíritu Santo, porque en esos momentos yo era muy ingenua.*

*En particular, recuerdo algunas ocasiones cuando entrábamos a la casa y sentíamos un ambiente tan pesado que no se podía negar.*

*Incluso hasta mis hijos notaban que algo no estaba bien. Tenía que ser mi falta de experiencia que no me di cuenta del predicador y ahora después de enterarme de la verdad, me doy cuenta que era un espectáculo montado para que yo no me diera cuenta. El Ministro*

David lo sabía, pero no estaba en libertad de exponer la verdad, ya que no era su verdad para poder contarla.

Recuerdo con claridad el día en que descubrí la verdad. Mis hijo y yo fuimos a la iglesia como era costumbre y al entrar en la casa percibimos un ambiente muy pesado. El servicio continuaba según el programa, pero no todos estaban a gusto, especialmente yo. ¡Finalmente el obispo pronunció una palabra o frase que causó que el Espíritu de Dios

dentro en mí gritara (en voz alta) salte! Sin demora recogí a mis hijos y nos fuimos. Es más, caminamos hasta llegar a casa. En el camino yo le hacía muchas preguntas al Espíritu Santo pero no fue hasta cuando la Evangelista Marva vino a mi casa más tarde ese día, que entonces comprendí todo.

Ella empezó a contarme la triste historia de dolor y sufrimiento de ella y de su familia. Yo gritaba de dolor porque alguien a quien yo quería estaba pasando por semejante horror. El dolor fue mayor porque venía de la mano de otro ser querido y en quien yo confiaba. Nunca llegué a perdonarlo, porque sentía lástima por el precio que tendría que pagar. Yo dejé el ministerio de la iglesia, porque no respetaba al hombre, lo quería pero no lo podía seguir.

Voy a resumir mis sentimientos al decir lo siguiente: Me detesto por ser tan ingenua y por no darme cuenta de lo que estaba sucediendo, porque siguió y porque continué en la oscuridad. La verdad tenía que salir a flote, pero si yo hubiera estado más atenta, no habría llegado tan lejos como pasó. ¡La ignorancia realmente no es excusa!

Yo aprendí de esta experiencia y por lo tanto, de contar cada gozo, pero solo la luz de Dios nos trae la verdad de todas las cosas, si confiamos en Él.
Tú hermana en Cristo,

*Anthonette Morehead*

*********

Mientras  pensaba seriamente, incluso a menudo, de lo que yo diría sobre ese momento en nuestra vida, sería esto: Tú me preguntaste cuál eran mis pensamientos sobre el obispo. Y estos fueron:

Yo no sabía nada acerca de lo que estaba sucediendo para causarle la ira que tenía adentro, en todo caso, solo sabía que existía. Yo solo lo miraba a él como un evangelista ungido por Dios para la obra del ministerio, pero lo que escuchaba detrás del púlpito no era lo mismo

que se escuchaba detrás de la puerta cerrada. Yo era bastante nueva en el Señor y creía en lo que me decían y lo que decía la palabra acerca de obedecer a los que tenían el dominio sobre mí y él era bastante cuidadoso y no me permitía ver ninguna cosa, que hiciera que le perdiera la fe. Él siempre se cuidaba de decir las palabras famosas "Mira lo que me has hecho hacer y

tengo que ir a ministrar a la gente de Dios".  Así que supongo que se podría decir, que yo miraba a su ministerio (lo espiritual) y no su vida personal (lo natural) y con eso me quedé. Nunca pensé que la evangelista Marva hubiera hecho algo para provocar todo lo ocurrido. Sinceramente, separé lo que hicieron alguna vez y que pudo ser una causa.

Yo creo que ella estaba aferrada a la vida por la palabra de Dios y lo que uno cree que es agradable a sus ojos. Puedo decir que lo que más me dolía era ver por lo que estaba pasando y sentí su dolor a medida que continuaba junto a él siendo piadosa al igual que con los que estaban allí.  Esa misma gente que él llamaba clásicamente "El pueblo de Dios". Esto me hizo tenerte más respeto. A menudo yo le preguntaba a Dios por qué tuve que ser testigo de esto. Fue muy doloroso para ti, pero tener gente escuchando (las cosas que se decían) sé que lo hacía más doloroso.

Recuerdo que yo y el ministro M. fuimos y hablamos con otro obispo después de que decidimos irnos de la iglesia y lo que él dijo fue que tú siempre estabas dada a la profecía. Le pregunté que qué quería decir con eso y básicamente lo que respondió fue que en ese

momento tú creías cualquier profecía que te era dada, y que yo tenía tanta fidelidad que llegaba al punto del dolor y que por eso nos quedamos tanto tiempo.

Esto me hizo pensar que tal vez pudo haber sido uno de los que a Dios les habló, y él nunca te dijo nada, ni siquiera a nosotros.

¡Lo logramos! Y para agregar a lo que ya he dicho, después de otro examen de conciencia, llegué a entender lo siguiente sobre mi. Yo estaba viendo a través de los ojos de una persona

abusada, siendo yo misma una persona abusada; hasta donde yo recuerdo, en mi vida siempre he tenido a una persona controladora y abusiva, empezando por mi propio padre. Él siempre

me hacía sentir inferior y una buena para nada. Luego, cuando empecé a tener novio e incluso para conseguir amigos, siempre atraía al mismo tipo de personas. Incluso me casé con un hombre que ha intentado en muchas ocasiones controlarme.

También debo admitir que aún como adulta, no podía decidir cuáles comportamientos eran aceptados y cuáles no. Yo sabía distinguir entre lo bueno y lo malo y cómo quería ser tratada.

50

Creo que debido a mi propio abuso, nunca sentí o pensé que las cosas estaban realmente tan mal. ¡No podía verlo! Siempre he pensado que el Señor puede arreglar cualquier cosa que esté rota. Durante el tiempo que la Pastora Marva estaba pasando por tales confusiones, yo tenía al obispo susurrándome en mi oído una cosa y otros susurrando otra cosa. El obispo solía usar la frase "el Señor dijo:" como una manera de conseguir que le dijera a la Pastora Marva lo que él pensaba que debía decirle, y hacerle creer que era el Señor. Sin embargo, nunca lo hice. ¡Mi marido me dijo que un día me iba a dar cuenta de la verdad sobre el obispo! Así que decir que yo estaba desgarrada, no era para subestimarse. ¿Cómo se puede ir en contra de Dios y uno creer que es el hombre de Dios? Ahora entiendo cómo él usó mi amor por él y mi amor por Dios en contra mía. Esta ha sido una dolorosa admisión. Lidiando con el dolor de la desconfianza, con la ayuda de Dios, comenzó la sanación y puedo comenzar a creer. De nuevo.

Ministra Sybil Davis.

*******

*Las cosas son diferentes donde quiera que vayas, estando con mi hermana Marva y con mis dos hijas era bueno en algunos aspectos y difícil en otros. Los dos míos y los cinco de ella tuvieron algunas experiencias (el marido era como un hijo propio) y podía ser una carga en*

*el momento. "Los niños reales" se llevaban bien. Ellos disfrutaban los paseos al parque, al igual que yo. Fue un tiempo de tranquilidad y todos lo necesitábamos. El sargento (imitando*

*al predicador) caminaba a su entorno dando órdenes, pero no me atrevía a decir una palabra y fue porque yo estaba en su casa.*

*Algunas veces el le decía palabras crueles a los niños y a mi hermana. Pensé en asegurar las puertas y dejarlo afuera de la casa o mejor clavar las ventanas para que no pudiera tirar la*

*ropa por la ventana para irse al club con tanta facilidad. Supongo que cada uno tiene un lado que no conoce o no entiende. Él estaba predicando en el día y divirtiéndose por la noche. Todo el mundo es diferente pero Dios sigue siendo el mismo. Me preguntaba si Marva sabía que él iba al club.*
*Wanda K. Johnson*
\*\*\*\*\*\*\*\*\*\*

Recuerdo que una noche recibí una llamada telefónica de Marva, diciéndome que el predicador la había estado golpeando. Mi hijo no estaba en ese momento, así que decidí ir a su casa sola. Después que llegar allá, toque el timbre y Marva me dejó entrar. El predicador entró a la cocina y al área de la sala. Me preguntó qué quería y qué iba a hacer. Recuerdo que le dije que si él ponía una mano sobre mi sobrina una vez más yo lo iba a golpear con un bate. Él respondió sarcásticamente que yo no iba a hacer nada. Entonces le pregunté a Marva si estaba bien y ella respondió que sí.¡También le pregunté que si se quería ir, pero ella dijo que no!
Phyllis Malone, Tía
\*\*\*\*\*\*

*Cuando mi madre estaba casada con él, recuerdo que al principio no me gustó. Yo estaba enojada con él por habérsela llevado y no dejarla regresar a casa sino hasta el día después de mi cumpleaños. También recuerdo a mi padre biológico diciéndole a él que jamás pusiera*

*sus manos sobre mí y que si alguna vez lo intentaba, él lo mataría y ¿saben qué?, él nunca me tocó. Yo le agradezco a mi madre por todo. Yo creo que uno tiene que pasar por tantas cosas para que nos hagan más fuerte y a veces me hubiera gustado que no hubiera sido tan malo y traumático.*

*Yo pienso que él se llevó algo muy importante de mi madre, pero Dios le dio a ella algo más grande. No todas las situaciones abusivas terminan de la misma forma como ocurrió con mi madre, que salió con vida. Son muchas las mujeres que mueren cada año por la violencia doméstica. Tengo una madre muy fuerte que ama la vida, pero ama a Dios aún más, y sé que es por Él y su plan para su vida que ella se encuentra hoy donde está, considerando de donde ha venido.*

*Recuerdo que solía decir que cuando fuera mayor yo iba a golpearlo más fuerte de lo que él le pegaba a mi madre. Yo iba a golpearlo. Ahora sé que no puedo hacer eso, pero a veces todavía quisiera hacerlo. Yo todavía necesito de oración. Simplemente no me gusta verlo, porque a veces parece como si no estuviera arrepentido o con remordimiento. Sin embargo, Dios conoce nuestro corazón y él tendrá que responder por sus acciones pasadas y por todo el mal, si es que ya no lo ha hecho. Lo único que sí se es que él nunca pondrá otra mano sobre mi familia.*

*Le agradezco todas las sabias palabras y las frases de aliento que mi madre tuvo con nosotros, porque siento que ella logró salir de eso y también por ser una madre increíble y además por ser una guerrera de oración maravillosa. Me alegro de tener una madre como ella y no la cambio por nada. Todo lo que hemos sufrido en el pasado nos ha llevado donde estamos ahora. Gracias mamá por ser un excelente modelo, y siempre has sido y serás una para siempre inspiración en mi vida. Con todo mi amor para siempre.*

*Khatara          A.                    Johnson.                    Hija*

*\*\*\*\*\*\*\**

*Al reflexionar hacia atrás puedo reconocer que mi infancia la pasé en su mayoría en un hogar roto. Aunque recuerdo que hubo momentos buenos y malos, los que más se destacan son la infelicidad y el dolor. No solo dentro de mi si no también dentro de mi familia. Mucha gente lo conocía como el obispo... pero viviendo con él era conocerlo de una manera totalmente diferente. Recuerdo los tiempos cuando Phillip y mi madre parecían ser felices y disfrutar de la vida, pero otras veces estaban discutiendo y literalmente en lucha libre alrededor de su dormitorio y en la sala. Recuerdo ver a mi madre tratando con todas sus fuerzas para defenderse y yo me decía, "cuando sea más grande lo voy a golpear".*

*Hay un incidente que recuerdo muy bien, creo que sobre todo debido al dolor, la vergüenza y la ira que sentí de niño. Un día de vuelta a casa en el bus de la escuela puedo recordar cuando el conductor se detenía justo en frente de nuestra casa y ver a mi madre y a él en el porche discutiendo y él estaba empujando a mi madre. Mantuve la cabeza agachada con vergüenza mientras que bajaba del autobús. Qué más podía hacer sino llorar y espera que él terminara ya. Es un sentimiento terrible de niño al ver a la persona que usted ama la mayoría de las veces siendo herida y sin que usted pueda hacer nada. No recuerdo mucho de este momento de mi vida pero aprendí mucho de está situación. Esta situación me viene mucho a mi mente cuando pienso en sentar cabeza y tener una familia propia. Es increíble cómo algo que pasó hace tanto tiempo puede afectar la vida de una persona. Siempre me acordaré de esto y del dolor que la familia sufrió a causa de esto. Yo sé que no quiero pasar por esto y que ninguna mujer debería vivirlo. Ya conozco las señales a las que debo prestar atención y no simplemente ignorarlas. Es una lección muy bien aprendida. Yo soy más cauteloso debido a ella.*

*Recuerdo que en realidad no tuve una relación con mi madre hasta después que sólo éramos ella y mis tres hermanos. Durante el tiempo en el que allí estaba él, era obvio que había mucha incomodidad. Cuando él se fue era cuando nos sentíamos una familia y nos pudimos unir. Recuerdo acostándome sobre la cama de mi madre, hablando y orando con ella.*

*Este fue el momento en el que realmente puede recuperar la unión y crecimiento en nuestra relación.*

*Mi madre es increíblemente fuerte, ella ha sufrido mucho y estoy realmente orgulloso de tenerla como mi madre. Sin ella, yo realmente no sé dónde estaría. Ella ha impactado mi vida y por eso estoy tan agradecido.*

*También estoy muy agradecido por el hombre a quien llamo "Pops". Él entró a nuestras vidas muchos años atrás y a pesar que el inicio fue un poco inestable, él demostró ser un hombre de gran carácter. Yo lo respeto por ser el hombre que es, por haber cuidado de mi madre así como ella lo merece. Este hombre no sólo se encargó de su esposa, sino también de sus cuatro hijos, ha sido un gran padre y mentor. ¡Ahora que soy mayor de edad me doy cuenta de todas las cosas que mi madre y Pop han hecho por mi y yo no lo tomo a la ligera, ustedes son una verdadera bendición, los quiero mucho a los dos!*
*KieSharra,*                                                                                   *Hij*

# Capítulo 10

## *¡Gente herida lastima a la gente!*

Todos hemos escuchado decir que la gente herida lastima a la gente. Por mucho que quería seguir enojada con el predicador, era por mi propia sanación y liberación que fui capaz de perdonar y tener compasión hacia él. Debo reconocer que he vivido la verdad de la frase "La gente herida lastima a la gente". Aunque no pretendo excusar al predicador, yo todavía reconozco que cuando nos sentimos heridos, sin el apoyo adecuado y sin voluntad o una orientación adecuada para seguir adelante, nosotros le hacemos a los demás lo que nos han hecho a nosotros y posiblemente mucho más. El dolor de lo sucedido a la víctima da rienda suelta a otro mal cuando no es tratado apropiadamente. Creo que por la necesidad de tener cierto control, finalmente algunos de aquellos que han sido abusados empiezan a ser controladores y eventualmente abusivos, verbal, emocional y/o físicamente.

Sin duda el predicador fue abusado cuando era niño, basado en lo que él me ha contado previamente y lo que he sabido por otros que lo conocen. Esto fue unos años después de haber tomado caminos separados y no había ningún contacto el uno con el otro. Yo estoy segura que él y otras personas en su vida tuvieron autoridad sobre él, antes o después de

haberlo conocido, no le prestaron la debida atención al abuso de que fue víctima. Yo creo que él ocultó el dolor mediante la participación en otras actividades enfermizas e inadecuadas y repitiendo el ciclo del abuso. Me enteré que antes de conocerme había abusado de una de sus hijas. Al cuestionarlo después que me enteré, lo negó diciendo que eran acusaciones falsas.

A causa de todo el abuso que sufrí en sus manos, ahora sé que sí abusó de su hija. En algún momento después de nuestra separación encontré documentación que detallaba la naturaleza del abuso a su hija. Se refería a los verdugones que sangraban sobre su cuerpo y hematomas

como resultado del abuso. El predicador hablaba de cómo él fue golpeado con cables eléctricos, cordones de plancha y un látigo de gran tamaño.

Teniendo en cuenta que el predicador fue golpeado con objetos inapropiados ya haya sido en su hogar o bajo cuidado de otros, no es ninguna sorpresa que le haya causado el mismo tipo de maltrato a su hija, a mí y tal vez a otros más. Hubo muchas veces que cuando miraba a los ojos del predicador podía ver al diablo. Era como si la transformación se llevaba a cabo en él delante de mis ojos. Me imagino que una parte de esa rabia fue consecuencia del abuso que tuvo que vivir.

La ira es una característica muy común para aquellos que han sufrido abuso. Creo que lo peor es no saber controlarla, en lugar de ser controlados por la propia ira. ¡La ira siempre tomará posesión de otra víctima! Es cierto que "las personas heridas lastiman a otras personas".

A pesar de todos los abusos del predicador, todavía había algo bueno dentro de él, ya que es algo que está dentro de cada uno de nosotros. Verdaderamente tenía un don de Dios. Él tocaba el órgano con gran habilidad y alegría. Según recuerdo, él amaba sentarse y tocar el órgano Hammond. Debido a su crecimiento en la iglesia, él sabía las canciones que la mayoría de nosotros habíamos oído y las cantaba muy bien. Cuando llegaba la hora de predicar él hacia un buen trabajo expresando la palabra. Tenía una forma de llamar a las personas, causando que la congregación se emocionara y se sentía en control del poder. A lo que se refiere a sus hijos, yo se que él los quería lo mejor que pudo en ese momento. ¡Solo se puede dar lo que se tiene y solo usted puede trabajar con lo que tiene y solo Dios puede hacer en nosotros lo que nos permite!

Aunque el predicador era bendecido y con muchos talentos, debemos saber de la necesidad de la integridad y también cuando está haciendo la obra de Dios. Hay un estilo de vida que debe de ir de acuerdo a la palabra de Dios. Nosotros debemos permitir que la totalidad de nuestro ser sea atendido o ministrado con el fin de ser saludable espiritualmente y por lo tanto, tener un impacto positivo en las vidas de los demás.

¡Ser bendecido no es suficiente! ¡Cada uno de nosotros debe permitir que el Espíritu Santo mande en nuestras vidas, si hemos aceptado a Jesús como Señor y Salvador, entonces debe ser nuestro deseo para que Él controle nuestras vidas! Esto ciertamente no es para sugerir que nosotros no vayamos a caer o que vayamos a ser cortos de la gloria de Dios, porque seguramente nos pasará, sin embargo todavía nos esforzamos para que se haga su voluntad en nuestras vidas.

Yo creo que el predicador perdió el punto de vista de su propósito por no tratar de sanar el dolor y las luchas internas que había experimentado. Creo que él encontró un cierto nivel de comodidad para su dolor y esa comodidad fue apegarse a las cosas del mundo y darle más importancia que a las del Señor. Tal vez perdió la capacidad de concentrarse en su propósito, algo que le puede suceder a cualquiera.

Debemos estar en oración y alerta mientras buscamos las cosas de Dios, sabiendo que estamos perseguidos por el diablo. ¡Ser sanado, ser puesto en libertad y estar entregados al poder del único Dios vivo y verdadero! Creo que solo la sanación y liberación nos permitirá avanzar de una forma sana, para alcanzar la gloria de Dios. Sin esto, creo que nos ponemos, nosotros mismos en posición de ser víctimas o de abusar a otros. Hay una necesidad que muchos de nosotros no cumplimos en la jornada cristiana. Es la necesidad de ser guiados y la necesidad de estar cubiertos (pastoreo y tener verdadera rendición de cuentas) como un creyente en el cuerpo de Cristo. (Presentando un correcto liderazgo es vital).

Es mi oración para que el predicador sea fortalecido y que se anime a enfrentar los problemas que le han hecho daño, de esta forma tal vez pueda dejar de lastimar a otros. ¡Es la voluntad de Dios que nadie se pierda, si no que todos se salven! A pesar de la agonía que trajo a la vida de mis hijos y a la mía, yo oro por el predicador para que sea totalmente libre de las cosas que lo tienen prisionero. ¡Solo entonces podrá cambiar su corazón y tendrá la mente bien clara para no herir a otras personas y alterar sus vidas de una manera perjudicial!

# Capítulo 11
## *¡El poder del abuso!*

El abuso es espantoso, muy doloroso. El poder del abuso trae experiencias que cambian la vida. Con tantas experiencias negativas y los días y noches que viví consumida por el miedo, mi vida cambiaba una y otra vez. Seguía en un estado de miedo cada vez mayor tratando de hacer uso del poder de la oración y de confiar en Dios con todo lo que tenía dentro de mí. Sentí que con cada nueva y negativa experiencia perdía más y más de lo que yo era.

Siempre he pensado y considero que hay muy pocas personas que han experimentado el abuso, pero sin embargo entienden el proceso y el poder del mismo y cómo puede ser de difícil para uno dejar esa situación de maltrato. ¡Difícil, pero no imposible!

"La crítica se hace fácil cuando miramos de afuera hacia adentro, sin embargo, para la persona que ve de adentro hacia fuera, el criticismo es básicamente lo que viven". Sé que había mucha gente enojada conmigo y pensaba que yo estaba loca por no dejar al predicador mucho antes de cuando por fin lo hice. ¡La verdad es que yo quería dejado mucho antes! A menudo las personas no se dan cuenta que el abuso es realmente un proceso y al menos que

usted este familiarizado con el proceso, es fácil pasar por alto los signos de un abusador o de alguien que está siendo abusada.

El abuso en muchos casos es cuidadosamente pensado - un proceso lento, metódico y gradual-. Siendo ese el caso, una víctima usualmente no se da cuenta que está siendo perseguida de una manera tan negativa. Para muchas víctimas, ser perseguidas significa ser deseadas y que a él o ella realmente le gusto. En mi caso yo no me di cuenta que estaba siendo abusada hasta que tuve que preguntarme a mí misma "¿Donde estoy?", después de recibir un fuerte golpe en mi cabeza y en mi rostro.

Otras cosas habían ocurrido pero aquí fue cuando para mí se encendió la luz. El problema es que yo ya era una víctima, yo ya estaba deshecha.

Estar deshecha se define como "separada violentamente, en pedazos, destruida, dañada o alterada al ser quebrada". Mi vida en verdad estaba destruida y me invadía el miedo. Con la relación de mi familia en diversos grados de cercanía y sabiendo que algunas de las mujeres en mi familia han sufrido de violencia doméstica, no estaba muy segura de como manejar mi propia situación. Además de que yo literalmente tenía miedo de lo que algunos de ellos harían al conocer la profundidad de mi sufrimiento en manos del predicador. Mi quebrantamiento no me dejó tener el mejor criterio en algunas situaciones, otro ejemplo del poder de abuso. Yo necesitaba ser libre y hacerlo todo de nuevo.

A pesar de mi propio sufrimiento y el miedo espantoso en un punto muy vulnerable y solitario de mi vida, debido al poder de abuso, muy a menudo estaba demasiado preocupada por las necesidades de los demás que las mías. Debido a esto, mis necesidades continuaban sin ser satisfechas. Esto unido al constante abuso, ya sea verbal, mental o físico era una verdadera receta de desastre en mi propia vida. Dentro de mi quebramiento, no me había

dado cuenta de lo débil y frágil en que me había convertido. Yo siempre fui una persona que me valía por sí misma, era una persona independiente y no me dejaba intimidar muy fácilmente. Con el tiempo estas cualidades fueron sustituidas con que se aprovecharan de mi, en tener miedo de dar mis opiniones por temor a las represalias y ser intimidada fácilmente por el predicador. Fue como mirarme un día de repente y no estar segura en lo que me había convertido.

Recuerdo no querer mirarme a mí misma en el espejo durante largos periodos de tiempo, porque no me gustaba la persona en la que me había convertido. Llegué a pensar que era muy poca cosa, mientras que era abusada una y otra vez. Ahora recuerdo las banderas rojas o señales de advertencia, es fácil ver como se jugaba el juego. Yo estaba siendo preparada para que el predicador me usara como él quería. Mis límites fueron puestos a prueba y por haberle permitido tanto al predicador, él no veía límites para sí mismo.

Siempre es importante tener límites y normas  para uno mismo y para vivir de una manera que los demás honren o por lo menos respeten. "Banderas Rojas"  son señales de alerta por una razón. ¡Si uno es ciego a esas señales, entonces para esa persona ellas no existen! Hubo muchas banderas rojas que nunca vi.

Las víctimas a menudo son reacias a pedir ayuda por falta de confianza, temor a las críticas y la falta de comprensión por parte de sus seres queridos. Esto puede conducir a una estancia prolongada de una situación muy peligrosa. Para mí, yo estuve  avergonzada y humillada de mi situación. A pesar que sabía que no era mi culpa, me sentía como si lo fuera. Era difícil tener la confianza suficiente para abrirme completamente y decirles a los demás acerca de los "colores verdaderos" del predicador y que eran muchos.  En un momento dado, los colores verdaderos de una persona brillarán completamente, cuando no esté siendo consciente de ello. Los colores verdaderos del predicador eran alarmantes para mí, ellos no eran los colores de un hombre de Dios y no los de una proclamación de la oficina del obispo.

Recuerdo que el difunto obispo JH Covington, nos decía que verificáramos a los padres de las personas con las que estábamos involucrados. Él dijo que debíamos conocer a la familia, entre otras cosas. De alguna forma perdí de vista esa valiosa pieza de información. Si yo hubiera hecho esto, habría tenido mucha más información y quizás me hubiera ahorrado muchos dolores de cabeza. Alabado sea el Señor. ¡Soy libre!

A causa de mi vergüenza y mi deseo de preservar el ministerio y para proteger a los miembros de la iglesia, pensé en esconder mis heridas. "Las heridas necesitan ser protegidas

en muchos casos, sin embargo en otros necesitan ser expuestas de tal manera que puedan respirar y el proceso de saneamiento pueda comenzar como resultado de haber sido expuestas". Por haber tomado este camino, creo que me mantuve preparada para la batalla, siempre había otra batalla y otra discusión para lo cual tenía que estar preparada. Debería haber expuesto mucho más temprano el diablo con el que vivía.

Yo recuerdo la primera vez que llegué llorando a la casa porque una chica me había golpeado varias veces mientras estábamos jugando afuera. Cuando mi madre me preguntó porqué estaba llorando le dije lo que había sucedido. Ella me mandó de regreso y me dijo que no regresara hasta que encontrara a la chica y la golpeara. Aunque tenga alguna dureza, la lección era siempre defendernos nosotros mismos. No te eches a correr o permitir que otros se aprovechen de ti, era la lección. Mi madre era una mujer fuerte y bien disciplinada.

A pesar de la forma como fui educada, siempre me encontré tomando otra salida, huyendo de mi atacante. Aunque muchos de mis escapes fueron físicos, numerosos fueron mentales, solo para liberar mi mente y tener un escape del tormento de ese momento. ¡El Señor nos prometió darnos una forma de escape cuando lo que enfrentamos es más de lo que podemos soportar! (Parafraseando) *No nos ha sobrevenido ninguna tentación común para el hombre, pero Dios es fiel y no nos dejará ser tentados más de lo que podamos resistir; pero con la tentación también hay una forma de escape para que seáis capaces de soportarlo.*

Debe llegar un momento en cada una de nuestras vidas donde nos cansemos de correr y de buscar un escape por culpa del miedo. Nosotros tenemos que encontrar la forma pararnos firmes con la ayuda de Dios. Nunca ha sido la voluntad de Dios que seamos maltratados o abusados de ninguna manera, aunque a veces suceda. Tuve que orar con fervor para que Dios me ayudara a pararme firme frente al mal. No puedo decir que las cosas acerca de estas experiencias fueron fáciles, porque nunca lo fueron. Seguí aprendiendo a confiar en Dios de una manera como nunca antes. ¡Aprendí a rezar de una manera que nunca había rezado antes y he aprendido a esperar en Dios cuando parecía que podía morir antes que viniera a mí! Yo vivía para liberar las cadenas que me ataban y gracias a Dios que mi mente es firme. ¡En eso me siento muy bendecida por Dios!

En las relaciones a veces resultamos heridos, de tal manera que nuestro juicio se ve nublado en el amor, o cuando estamos involucrados emocional o incluso sexualmente. Nosotros a veces no indagamos acerca de la persona con la que nos estamos relacionando.

El hecho que yo haya permitido que estas cosas pasaran en mi vida (siendo una persona segura, no fácil de intimidar y cristianamente equilibrada) demuestra cómo, emocionalmente, podemos llegar a un lugar muy lejano; podemos volvernos demasiado despreocupados, disfrutando el momento y no tomando nota de las cosas importantes que hablan de cómo es realmente esa persona y de su verdadero carácter. Creo que casi siempre que avanzamos hacia un nuevo lugar en la vida o nueva experiencias de una nueva relación hay un tiempo de luna de miel. Durante ese periodo es pura diversión y felicidad. Después de pasado ese tiempo, las emociones son profundas y las expectativas son razonables o no se han establecido.

Aunque hayamos conocido algunas cosas, no hemos tenido suficiente tiempo para conocer muchas otras que componen a una persona. Nunca me di cuenta de la magnitud del daño emocional y físico que había experimentado el predicador hasta que yo superé el abuso al

que él me sometió. Yo no le quito responsabilidad al predicador, pero reconozco que a causa de su propio abuso, él repetía el ciclo con los que él sabía que podía abusar. Si su víctima no estaba en su círculo, entonces él haría todo lo posible para hacerlo parte de su círculo. ¿Por qué? "Porque gente lastimada, lastiman a otra gente".

Muchas noches lloraba e incluso le preguntaba a Dios por qué. Oré y oré mucho más. Traté de rezar de una manera diferente con la esperanza de una resolución rápida a mis problemas.

Los golpes continuaron pero también mi fe en Dios. Creía en Él más porque yo tenía menos y menos. Escuchaba los consejos de los predicadores y de otros líderes en la casa de Dios.

Alguno de esos consejeros eran buenos y algunos otros eran malos. En realidad, yo tenía un profeta que me decía: "si tú no permites que el predicador regrese a casa, entonces Dios te va a                                        maldecir".

Yo le respondí diciendo: "¡Entonces voy a tener que ser maldecida!" Yo no le iba a permitir regresar a casa en esta ocasión. ¡Oré y me mantuve en movimiento! ¡No puedo dejar de enfatizar la importancia de conocer la voz de Dios y confiar en Dios!

Usted ve, el Señor me había liberado del predicador una vez y otro predicador me convenció a que lo recibiera nuevamente. No habían pasado ni 24 horas para que me diera cuenta que había cometido un terrible error. El Señor me permitió saber que tenía que sufrir por eso. Él ya me había hablado a mí y yo seguí el ejemplo de alguien más. Esta persona no era portavoz de Dios, sino más bien, estaba hablando de sí mismo. Esto me perjudicó, fue del enemigo que deseaba destruirme de cualquier manera posible. Hoy en día, yo glorifico a Dios, porque Él me permitió tener fortaleza y superar esta cuesta en mi vida.

# Capítulo 12

*Destinada a Ser Libre*

¡Destinada a ser libre, esa soy yo! Estoy destinada a ser libre, porque había personas orando por mí; yo estaba destinada a ser libre, porque Cristo murió para que yo fuese libre. Yo estaba destinada a ser libre con Jesús viviendo dentro de mí. Yo sabía que Dios tenía un propósito para mí. Recuerdo que cuando estaba embarazada de mi hijo mayor, el difunto obispo J.H. Covington, me atendió y me dijo que el Señor le había revelado que tenía un propósito para mí, que yo iba a ser un ejemplo para los jóvenes y que me iba a levantar e iba a ser bendita. Me dijo que este hijo me haría ser bendecida también. Tuve que recordarme a mí misma de cosas positivas para ayudarme a salir de esto.

Escuchar la música de Yolanda Adams siempre me animaba, su música en ese momento llegaba a mi alma. ¡No cambió lo que estaba viviendo, pero sin duda me ayudó a sobrevivir! Esto también pasará, como me ha bendecido esta canción, entre otras que ella interpreta y las de otros artistas. Gracias a Dios por la creatividad en administrar sanación, consuelo y liberación a través de la palabra de Dios.

Es viernes y hay un renacimiento religioso en la Iglesia St. Mark Holiness Church; la mujer de Dios predicando esta noche es la profeta Marilyn Griffith. La he escuchado unas cuantas veces antes y siento la necesidad de estar en la iglesia esta noche, así que me preparé para

asistir al servicio. ¡Durante el servicio el poder de Dios se movía poderosamente! Recé a Dios para que me hablara, sentí esa sensación de desesperación. Le dije a Dios: ¡Necesito escuchar de ti! La mujer de Dios se empezó a mover en mi dirección y yo podía sentir la unción de Dios sobre mí. De repente, la atmósfera cambio. Después de unos minutos todo fue muy claro, el predicador había llegado. Después que el servicio había terminado, me apresuré a ir hacia el coche con la persona que me acompañaba y me fui a casa. El domingo en la noche, el profeta Griffith estaba predicando en otra iglesia, Gospel Feast. Fui al servicio con toda la confianza que Dios me hablaría, yo me sentía frágil y necesitaba la ayuda de Dios.

El servicio transcurría de manera agradable. Después que la palabra de Dios fue administrada, la mujer de Dios le pidió a la congregación que vinieran al frente para orar y muchos de ellos lo hicieron. Yo quería ir, pero me pareció muy difícil mover mis pies. Finalmente me pude mover. Cuando empecé a levantarme de mi asiento nuestros espíritus se conectaron y sabía que Dios le estaba hablando a ella. En ese momento, estoy en el pasillo y las lágrimas corrían por mi rostro. Cuando estaba a la mitad del corredor, ella me preguntó qué quería como oración y mi respuesta fue, "solo reza, solo reza por mi". Ella comenzó a decir, "Oh Dios, Oh Dios" y anunció que el Señor dijo que había una conspiración corporal en contra mía y que el diablo estaba tratando de destruirme. Ella ministró muchas otras cosas que se dirigían directamente a mi situación actual. Yo sabía que Dios había escuchado mi plegaria y que Él sabía lo que había en mi corazón y no lo podía decir. En aquel momento, experimenté verdaderas sanaciones y liberaciones de la esclavitud en la que había estado. ¡Yo verdaderamente no salí de la misma forma en que llegué! ¡Mi Dios había puesto sus manos sobre mí y yo estaba obligada a ser libre!

Independientemente del grado en que sufrí, yo siempre mantuve la esperanza y confiaba en que Dios de alguna manera iba mostrarme una vía de escape para mí y los niños. Yo no estaba equivocada cuando decía que aguardaba en contra de toda esperanza. A veces parecía como que el cambio no llegaría nunca. Tuve que recordarme a mí misma las cosas que habían sido reveladas en mi vida y yo sabía que venían de Dios. En el peor de los momentos,

tenemos que confiar en Dios. Esto no quiere decir que nunca sentí el deseo de rendirme, ahora saben que sí lo hice, pero solo fue un pensamiento pasajero. Cuando nuestros corazones se convierten a Dios, Él nunca nos deja sin ningún medio para escapar. En otras palabras, Él siempre encuentra un camino para que nosotros estemos seguros, ese camino está en Él. También, Él abre puertas y permite tengamos acceso a recursos disponibles. Esto no sucede necesariamente cuando nosotros queremos, sino en el tiempo señalado por Dios. El estar enredada en alguna situación de abuso causa en cierto grado la distorsión del pensamiento y del juicio. Usted frecuentemente pierde visión de un buen juicio o la claridad de los pensamientos.

Pude haber elegido irme. Yo no lo hice. Para mí, el predicador debía terminar abandonando la residencia. Yo ya me lo había sacado del corazón hacía mucho tiempo, por eso era mi deseo de ser libre.

En mi búsqueda de ser libre, conocí a mucha gente y fui rechazada por muchas de ellas. Hubo muchas personas que decidieron no relacionarse conmigo por el predicador, aquellos que pensaron menos de mi y de mi caminar con Dios porque yo había tratado con el predicador, aquellos que susurraban y me miraron fijamente cuando se dieron cuenta quién era yo y luego aquellos que simplemente que no sabían qué hacer. Con la fuerza de Dios como mi apoyo, me sobrepuse a estas cosas rápidamente. Lo que fue difícil de superar después que el predicador no estaba y el matrimonio fue anulado, fue escuchar cualquier parte de su nombre. (El matrimonio fue anulado; porque el predicador había estado casado anteriormente y estaba separado pero nunca divorciado.) Él había estado casado con la hija

de un pastor. Ahora entiendo porqué él quería conseguir la licencia de matrimonio fuera de Carolina del Norte. Me di cuenta de cuanto había sido dañada por él y todo sobre él. Día por día, vi lo mucho que mi vida había sido desgarrada, mis hijos fueron tocados por la violencia doméstica para siempre. Nunca podré eliminar las imágenes de mi mente, ni todas las palabras que me dijo. Él estaba lleno de puras mentiras, engaños y decepciones, por no hablar de mis propias malas decisiones. Tenía que ser fiel a mí misma y reconocer como

necesitaba orar. ¡Yo necesitaba de alguna forma ser tomada de la mano para que el proceso de ser libre empezara a convertirse en una realidad para mi y los míos! Luché y luché, lloré y lloré.

Yo esperaba que los niños se fueran a la cama para luego poder liberar algo de la agonía y el dolor que llevaba adentro. Aunque el predicador no se encontraba, yo todavía podía sentir su presencia pero muy fuerte. Esto me hizo sentir miedo. Yo asociaba el sentir su presencia con la posibilidad de su repentina aparición en cualquier momento. Hay tantas cosas que me recorrían mi mente. Así fue, él ya no estaba, pero sin embargo todavía tenía mucho control en mi vida. Cuanto más oraba por un corazón sincero y más tiempo pasaba en la palabra de Dios, más confianza adquiría en la libertad que quería vivir.

Yo acepté el hecho de que el único control que él podía tener era el que yo le permitiera tener. El control había terminado. Yo ya no tenía miedo de él, ya no me sentía amenazada y decidí no seguir con él. Yo tomé la decisión de no solicitar la manutención de menores.

El tiempo llegó cuando él tenía que aparecerse ante el tribunal debido a la orden de restricción que yo había sacado. ¡No recuerdo haber estado tan nerviosa en mi vida! Estar en frente de un juez era un gran problema, a pesar de no haber cometido un delito. El juez otorgó la orden de protección. Recuerdo que el juez preguntó sobre la manutención de menores, pero les dejé bien claro que no quería ninguna del predicador. Él me animó para que la solicitara más adelante ya que era su obligación de proporcionar la manutención de su propio hijo. Yo no quería ningún apoyo monetario por ningún motivo, yo simplemente

quería que el predicador *desapareciera* por completo de mi vida. No necesitaba ni quería absolutamente nada de él. Yo estaba cada día más cerca del punto de ser libre, de más de una manera yo no quería que nada interfiriera con el proceso.

Con mi vida ahora por un camino diferente, con mucha oración y con el tiempo pasado en la palabra de Dios, yo soy capaz de ver todos los días mi propio quebranto, mi fragilidad, e incluso mi vulnerabilidad. Sí, yo estaba en un proceso de curación, pero yo seguía viendo

con más claridad la verdad acerca de cómo realmente fue. Allí estaba yo, una vez más todavía necesitando de mi misma, pero segura que estaba allí para otra persona. (Ahora me doy cuenta que tenía un defecto en mi carácter. A menudo estaba ayudando a otros pero quizás era una necesidad o un grito de ayuda para mí misma.) Lamentablemente en ese momento no estaba rodeada de gente que se preocupara lo suficiente como para ayudarme a llegar a un nivel sano o por personas que fueran capaces de hacerlo. A pesar de la situación, yo tenía que rezar por la fuerza de Dios y buscar las maneras de mantenerme animada. Qué tarea tan difícil. ¡Empezar no era el problema, si no ser consistente! Tuve que estar dispuesta a hacer una buena inversión para mí misma y mis hijos. Un compositor dijo: "A veces tuve que recordarme a mí mismo cual ha sido mi llamado". Yo tuve que recordarme a mi misma que Dios me llamó para sus propios fines y que tenía un destino; yo no había empezado todavía a explorar la obra que Dios tenía para mí.

Tuve que recordar la palabra del obispo Covington que me decía que me sostuviera en la promesa de Dios. Meditando sobre estas cosas me dio valor, fuerza y la esperanza constante en Dios sin importarme nada. Yo solamente me permití, tener un periodo corto de compasión y luego llegó el momento de seguir adelante.

Fue una bendición que después de que el predicador y yo habíamos tomado caminos diferentes, yo solo lo vi como cuatro veces durante un periodo de 12 o 13 años y quizás hablé con él ese mismo número de veces. Él estuvo comprometido dos veces con dos mujeres diferentes y tuvo más hijos con otras. Cada una de estas situaciones me ayudó a darme

cuenta donde yo estaba con el perdón hacia el predicador y la curación hacía el predicador. Yo estaba llena de ira y dolor. El pensar que él seguía adelante en lo que yo pensaba era una buena situación para hacerme hervir la sangre, por decirlo así. Yo no pensaba que él merecía ninguna felicidad, ya que no había reconocido ningún delito hacia a mi o mis hijos. Pero también tuve que reconocer que no importaba lo que había sucedido conmigo o mis hijos con lo referente al predicador, estaba mi hijo, quien era también el hijo del predicador quien podía estar más afectado. Algunas veces pensamos que como los niños son niños, ellos no resultan tan afectados por lo que sucede a su alrededor. Yo he vivido ya suficiente para saber

que es completamente lo opuesto. Yo sé bien que cada uno de mis hijos fue claramente afectado por todo lo sucedido. Me preocupaba especialmente mi hijo menor. Yo sabía que tenía que protegerlo de los peligros de repetir ese tipo de vida y de gente que podría juzgarlo por lo que fue su padre y que no le permitiera ser su propia persona. Yo tenía que tener cuidado de mi misma para no sacar ninguna de mis propias frustraciones con él y de no hablar mal de su padre en su presencia. Yo sabía que a menos que el predicador hiciera algunos cambios reales en su vida, era solo cuestión de tiempo antes de que mi hijo fuera capaz de ver la triste realidad por sí mismo.

Aunque me he propuesto no estar en contacto con su familia, yo siempre mantengo que no les puedo impedir verlo si así lo desean. Lamentablemente, durante años nadie trató de verlo. Estoy segura que esto fue lo mejor para nosotros. Estoy segura que ayudó con mi sanación y el poder seguir adelante con mi vida.

Fueron muchos los días que mis hijos querían saber si el predicador iba a regresar; por supuesto que no iba a regresar. Ellos vivían con un cierto nivel de temor que el predicador entraría en la casa de nuevo, que iba aparecer de la nada y que iban a ocurrir muchas más peleas. Tuve que calmar esas preocupaciones lo mejor que pude, diciéndoles que todo iba a estar bien y que si necesitábamos a la policía, lo único que teníamos que hacer era llamarla. No importaba lo que dijera, solamente el tiempo y la oración puede mejorar todo. Estábamos

todos muy heridos y vivíamos con un cierto nivel de miedo como resultado de todo lo que había pasado con el predicador.

Yo sabía que había sido liberada por la misericordia de Dios y que ambos íbamos a vivir para contarlo. Encontré que la prioridad era nutrir y ser más afectuoso y amarlos para animarlos con palabras que ayudan o que se sientan bien por sí mismos. El predicador a veces decía cosas muy buenas, pero cuando son en su mayoría negativas se necesitan posiblemente un centenar de cosas positivas para matar esas negativas que se han dicho. Con el tiempo, yo confiaba que en cada uno de ellos sería restaurado a un lugar saludable emocional y mentalmente. Yo estaba preocupada principalmente acerca de mis hijas, porque ellas se dieron cuenta de lo sucedido a su corta edad, mientras mis hijos eran de muy tempranas edades. Lo más importante fue que tuvimos la oportunidad de comenzar de nuevo.

A medida que el tiempo pasaba, me vi llorando más y más. La realidad de mi vida comenzó a pesar sobre mis emociones, el tiempo que había perdido y en la confusión en que había puesto a mis hijos. A pesar que el predicador se había ido, yo sentí su presencia por mucho tiempo. Esto no era una buena cosa tampoco. Con mucha oración y mi cambio de mentalidad me ayudó bastante. ¡Me pareció un reto- por no decir más- mantener mi actitud, cuando escuchaba su nombre o cualquier cosa de él! Yo, literalmente odiaba escuchar su nombre, recuerdo detener a ciertas personas antes de que pudieran decir su nombre en voz alta. Parecía como si su nombre se hubiera convertido en malas palabras para mis oídos. Cualquier cosa que me recordara a él era muy difícil de lidiar. Yo sabía que tenía que dejarlo ir para poder empezar una nueva vida.

Al sentir esto tan fuerte fue una evidencia que necesitaba la liberación y el perdón. Aferrarse a esto significaba que le estaba permitiendo continuar teniendo control de mi vida en su ausencia. Ese pensamiento me ayudó a empezar a tomar otro rumbo.

Había un servicio especial en mi iglesia, "Power House of Deliverance" y algunos amigos y yo fuimos. Recuerdo que la evangelista Lona Locke estaba predicando, cuando en un momento determinado me sentí como si allí no había nadie más que yo. Ella me habló directamente a mi alma, acerca de ser controlados, maltratados y en la esclavitud. Lloré ante Dios y sentí como un si peso fuese levantado de mi. Mi ropa estaba tan mojada que se me pegaba. ¡Aquellos que estaban conmigo sabían que Dios la estaba utilizando a ella, porque ellos sabían mi historia, por decirlo así! Yo sabía que Dios estaba conmigo y que estaba preocupado acerca de mi familia, él continuaba mostrándose a mí y dándome lo que yo necesito. ¡Gracias a Dios por todas las victorias pequeñas!

Después de estar separada por un año, conocí al hombre que ahora es mi esposo por diez años. Nosotros pasamos cinco años y medio conociéndonos antes de casarnos. Después de estar casados, él tuvo que enfrentar algunos de los efectos de nuestras vidas pasadas de abuso. Al principio, algunos de mis hijos no podían soportar muy bien su constante presencia; ellos no estaban seguros de lo que iba a suceder. En cuanto a mi, yo estaba muy insegura y todavía tenía algunas cicatrices emocionales, aunque nadie lo sabría jamás. Me comportaba como si todo estuviera bien conmigo. Hoy en día aún hay algunas cosas todavía en mí, pero están bajo control. Tengo muy poca tolerancia por los gritos y me niego a estar cerca de personas, sean familia o no, que quieran controlarme o manipularme. Mis tiempos con ellos son pocos y distantes entre sí. Hoy vivo una vida tranquila a través de Cristo Jesús, mi marido y la familia que tenemos.

Yo no le deseo mis experiencias a nadie. ¡Sin embargo, yo les debo confesar que estas experiencias me ayudaron a convertirme en una mujer de Dios, la madre y la esposa que soy hoy! ¡Por eso le doy las gracias a Dios!

Porque hoy soy libre, y deseo darle fuerzas a los demás para que ellos también puedan superar el abuso. Mientras que muchas mujeres son maltratadas, debemos ser cuidadosos de reconocer que los hombres son abusados también. Solo puedo imaginar que para ellos es difícil hablar, para buscar ayuda y encontrar un refugio seguro. Fácilmente se puede ver como una debilidad para los hombres el reportar el abuso y también puede ser vergonzoso. El abuso nunca es bueno y nunca debe ser aceptado como tal. Por cada persona que ha sufrido o que posiblemente sufra violencia doméstica, le animo a buscar ayuda, ya sea asesoramiento intenso o refugio en un albergue. No está bien que un hombre golpee a una mujer o una mujer golpee a un hombre. Espero que Dios ponga en su camino a personas con las que usted pueda contar para recibir el apoyo. Que Dios le fortalezca y le de la esperanza de un mañana mejor. ¡Que su amor le cubra y que le recuerde que fue hecho por Él y para Él! El salmo 139:14 dice "Te alabaré porque formidable y maravillosamente fui hecho y mi alma lo sabe muy bien (Nueva Versión de King James).

## Destinada a ser libre

¿Yo me pregunto, donde estoy?
¿Pero entonces, quién soy yo?


Allí estaba yo corriendo asustada, necesitando el consuelo de alguien que se preocupara.


Banderas Rojas volando alto.
Con todas las reglas que usted desafía.


Los colores verdaderos brillan completamente.
¡Que Dios tenga misericordia de ti!


Las heridas cubierta sobre mi pecho.
Mientras que mi fe en Dios es puesta a prueba.


Finalmente estoy tomando una posición.
Porque yo sé que estoy en las manos del Maestro.


Lo que usted no sabía
Y lo que usted no podía ver es que yo estaba
Destinada a ser libre, esa era yo.

## Capítulo 13

*Las maldiciones generacionales*

La Biblia habla de maldiciones generacionales o de la maldad de los padres que se castiga en la tercera y cuarta generación de los que odian a Dios. Recuerdo que cuando yo era una niña muy pequeña, mi madre siempre tenía una foto de mi bisabuela, la difunta Daisy Bell Cornelius; la foto estaba siempre en un estante en la sala. Ella murió antes que yo naciera, así que nunca la conocí. Yo empecé a preguntarle a mi madre diferentes cosas acerca de ella. Me dijo que la abuela Daisy era una mujer cristiana, muy agradable, pero que mi bisabuelo era todo lo contrario, no era cariñoso. Ella me dijo que él era malo con mi abuela Daisy y que muchas veces la golpeaba.

Mi madre también, me contó como mis abuelos, sus padres, a menudo peleaban y que ella tenía que salir afuera al porche de atrás mientras que ellos discutían y se golpeaban mutuamente. Mi Tío Bruce G. Malone, quien era más joven que mi madre recuerda que ellos peleaban, pero que no sabía quién era el agresor.

*MI MADRE ENTRE LAS EDADES DE 5-7, TOMADA EN*
*UN VERANO EN TOLEDO, OHIO*

BARBARA L.MALONE

MI ABUELO EL DIFUNTO

WALTER MALONE SENIOR "NED"

*AQUI MI ABUELA LA DIFUNTA*
*VIRGINIA "Muh' MALONE*

Mi tía abuela, la difunta Maebelle Smoot, la hermana de mi abuela huyó de Carolina del Norte temiendo por su vida. Su esposo quería hacerle daño. Ella se fue a Washington DC y

más tarde buscó refugió en Toledo, Ohio. Ella se negó a regresar aún después de la muerte de su madre. Ella vivió en Toledo hasta su muerte en 2007.

Mi madre, la difunta Barbara Jonson Malone, también estuvo implicada en un par de relaciones abusivas. Hubo una relación en la cual pudo haber perdido la vida como resultado de la violencia doméstica. No sé si he visto el tipo de fuerza y la valentía que ella tuvo que tener para superar la gravedad de lo que le ha hecho el abusador.

El hermano de mi mamá, Bruce Grant Malone, también ha sufrido de violencia doméstica. A pesar de que no ha sido la víctima, él ha sido el abusador en el pasado. Él reconoce que esto es claramente un ciclo que hay que romper y se esfuerza por superarlo y cambiar ese tipo de comportamiento.

*BRUCE G. MALONE*

*TIO BG (BRUCE GRANT EL HERMANO
DE MI MAMA)*

| (2) |
|---|
| Si tú regresas a casa. |

Querida desde el fondo de mí corazón yo te quiero en casa más que cualquier cosa en este mundo. Yo no he tocado, ni he tratado a otra mujer desde entonces. Yo he tomado solamente dos veces. Cariño yo he tomado la decisión de ser el hombre que tú quieres que yo sea y nunca levantarte una mano. Yo admito que he estado equivocado, muy equivocado pero me gustaría tener una nueva oportunidad para arreglar esto. Wayne y yo fuimos a ver a Tarzán ayer en la Nacional, él tuvo un buen tiempo, pero él siempre me está preguntando que cuando vuelves a casa y todo lo que le puedo decir es que muy pronto, para que veas.

*Esta carta fue escrita a mi tía abuela Maebelle, por su esposo en ese tiempo, J. Smoot, en 1959, poco después que ella lo dejó.*

*Carta escrita para mi tía abuela Maebelle, por su hermana, Virginia C.*

*Malone, en 1959, el año que ella se fue de Greensboro, Carolina del Norte.*

*Jueves*

*Querida hermana,*

*Recibí tu carta  y me dio gusto saber de ti. Sobre todo me alegré de saber que te escapaste. John Junior llamó toda la noche al día siguiente que te fuiste de aquí, diciéndome que te dijera que volvieras. Yo no he escuchado nada de él desde que le dije que no sabía dónde estabas. Yo he estado enferma desde que te fuiste. La semana pasada tuve que ir todos los días al médico por una vacuna con el Dr. Blount. Tengo un pequeño problema de mujeres, he estado tomando dos tipos de medicamentos que me dan 4 veces al día. Me cuesta $7.25. Pero me siento mucho mejor. Yo no he estado bebiendo nada. Charles va durante el transcurso del día, ya sabes que ha estado dando órdenes. No he estado en la cama, solamente un poco recostada y haciendo algunas cosas pequeñas cosas en la casa. Una noche                                     tuve                                     que*

*MAEBELLE C. SMOOT*

*Esta es mi tía Maebelle. Foto tomada poco después de que ella huyo de Carolina del Norte.
Foto en Toledo, Ohio*

Usted ya ha leído sobre parte de mis experiencias, en lo que se refiere a la violencia doméstica. Fue hace solo como unos cinco años cuando me di cuenta cuanto ha afectado a mi

familia la violencia doméstica. Cada uno de nosotros fuimos criados por un padre que fue víctima o un sobreviviente de la violencia doméstica. No puedo decir cómo ni porqué todo comenzó, pero el ciclo tiene que romperse.

Mientras que nuestros padres sobrevivieron el peligro, nosotros fuimos capturados por el trauma de todos ellos. Nosotros nunca podremos saber completamente como los niños son afectados por la violencia doméstica o cuando esto se desarrollara o incluso la forma en que se desarrollará. Debido a que nosotros tenemos otras experiencias que son diferentes y alimentadas a diferente ritmo -entre otros factores – nosotros no podemos saber con certeza como y cuando. La verdad es que los efectos serán manifestados en algún momento de nuestras vidas. Yo pude ver con más claridad pero no del todo, como mis propios hijos han sido afectados por la violencia doméstica. Yo vine a aprender mucho más en los últimos años, pero especialmente durante el proceso de completar *Destinada a Ser Libre*. Por desgracia, con los miembros de la familia mencionados por sus nombres y muchos que no lo son, nosotros hemos sido víctimas de violencia doméstica o abusadores. Yo creo en el proverbio que dice "Los niños aprenden lo que viven". En verdad, la semilla del abuso fue sembrada.

Sin embargo cada día tenemos que seguir luchando para superar esa dificultad en nuestras vidas y vivir en victoria. Para aquellos de nosotros que ya lo hemos superado es pertinente que usted y yo nos pongamos en posición de ayudar a los demás, para que puedan compartir la alegría de una verdadera vida y su derecho a estar libres de la violencia doméstica. Es fácil juzgar cuando se mira de afuera hacia adentro. "Creo que es importante vivir lo suficiente bien para que los demás deseen poder permitirle mirar desde adentro hacia fuera". Creo que había cosas de cada uno de los miembros de mi familia mencionada que han pasado y que no entendíamos, cosas que dijeron que no tenían mucho sentido para muchos de nosotros e incluso las decisiones que ellos tomaron que nos parecían extrañas.

Yo creo que debe haber sido en parte el resultado de las lecciones que les ha enseñado la vida a través de sus luchas con la violencia doméstica. A pesar que no hayan podido expresarlo, por la razón que sea, el mensaje suena con más claridad. Cuando reflexiono sobre lo poco que conozco acerca de sus luchas con el abuso, debo admirar el hecho de que mantuvieron a sus familias de la forma que lo hicieron; el amor y el cuidado que les proporcionaron a sus familias se aprecia aún más.

¡El hecho que aunque no estaban completamente curados, fueron capaces de amar como lo hicieron es un ejemplo extraordinario de fortaleza, valor y gran capacidad de resistencia!

Aunque yo no conocí a mi bisabuela personalmente, sé que lo que me contaron se refiere a ella, su capacidad para sobrevivir su situación con la ayuda de Dios y más tarde tener la esperanza y la fe suficiente en Dios para seguir adelante.

Porque mis hijos fueron expuestos a la violencia doméstica, yo tuve que proponerme educarlos continuamente acerca de la violencia doméstica, los signos de alerta, así como lo que dice la palabra de Dios con referencia a las maldiciones generacionales. Mientras esta parte de mi vida está lejos de ser deseada, es la realidad de muchos hombres, mujeres y niños. Se trata de una época de mi vida que pensé que debería ser compartida en oración para el beneficio de muchos.

¡Para las víctimas de abuso, usted debe saber que el abusador muchas veces se disculpa y trata de hacer la paz reconociendo su falta pero solo por ese momento! Usted también debe estar consciente del hecho que en los ojos del agresor, usted nunca será lo suficiente buena, hará lo suficiente, dirá las cosas correctas o hará las cosas correctas para su satisfacción, sino que siempre está corta ante sus ojos. Hubo muchas noches que pasé preguntándome, ¿Por qué yo? ¿Cómo me pasó esto a mí? ¿Y cómo permití que esto me sucediera? Habrá muchas noches en que su almohada se empapará con sus propias lágrimas, por el dolor y la agonía que usted vive. Días con la increíble sensación de depresión y tal vez la sensación de sentirse sin vida continuará aumentando.

Esos momentos, cuando usted se pregunta si vale la pena seguir viviendo continúan aumentando hasta que decida que ya es suficiente. Espero que Dios le de la fuerza, el coraje y la voluntad de elegir en ser libre y completa.

Para el abusador, usted debe llegar a un punto de ser fiel a sí mismo y reconocer que usted tiene un problema. Estar dispuesto a buscar recursos que le ayudarán a manejar su ira y su comportamiento violento. Aproveche el tiempo que tiene en ese momento para obtener ayuda. ¡Hay esperanza para usted!

Yo creo que cada una de nuestras vidas ha estado afectada por violencia doméstica de una u otra forma. Por lo tanto es fundamental para el bienestar de nuestros hijos y de los hijos de ellos y las generaciones futuras que comencemos a educar a la gente en el área de violencia doméstica y que apoyemos los esfuerzos que proporcionen ayuda a las mujeres y hombres abusados. El número de víctimas que siguen siendo abusadas continúa escalando.

La generación de abusadores se está volviendo cada vez más joven, involucrando a un mayor número de adolescentes, hombres y mujeres. A menudo las consecuencias son para toda la

vida: No sintiéndose apto, sensación de agresividad, sensación de tener derecho a todo, ser posesivo y ser abusivo también. La lista puede seguir y seguir. Al menos que hagamos una elección para pelear y unirse a la causa de combatir todo tipo de violencia doméstica, nosotros ayudamos a estimular nuestra sociedad con un grupo de potenciales molestos, repetidores agresivos de la violencia que ellos han vivido. Recuerde que aunque la violencia doméstica puede ser un problema personal, también es un problema nacional. Usted no está sola en su sufrimiento. Hay ayuda disponible y usted también esta "destinada a ser libre"

Los dejo con Corintios 1 13:4-5: "El amor es paciente, es bondadoso. El amor no es envidioso, ni jactancioso ni orgulloso. El amor no se deleita en la maldad".

# Capítulo 14

## *Las características del abusador*

Los abusadores son típicamente controladores; ellos abusan verbalmente, buscan aislar a la víctima y son a menudos crueles. Cuando uno busca mejorar o se esfuerza por mostrar independencia, el abusador se vuelve más controlador.

Ellos se sienten con ciertos derechos; ellos piensan que tienen derecho sobre usted o lo que usted tiene, pero ellos tienen muy poco o ningún sentido de responsabilidad. El abusador también trata de justificar el abuso y la violencia cuando no se sale con la suya.

Los abusadores suelen ver a sus víctimas como su propiedad personal, por lo tanto son posesivos. Ellos no ven a su compañera como pareja. Ellos son muy manipuladores; ellos hacen lucir a la víctima como loca o que tiene un problema, mientras que ellos se muestran grandes, buenos y correctos.

Los abusadores tratan de hacer ver leve el abuso y sus efectos y en muchos casos ellos se oponen a reconocerlo, viven en la negación.

El abusador casi siempre culpa a la víctima por el abuso que pasó. Ella dijo algo, hizo algo y falló en hacer algo. Este comportamiento es conocido como culpando a la víctima.

Una de cada cuatro mujeres ha sufrido violencia doméstica. Muchas veces el abuso es acompañado con drogas y alcohol. Algunos que fueron abusadores me ha dicho que estas sustancias alteran el pensamiento y la capacidad de tomar buenas decisiones. También aumentan el problema y lo hacen ver mucho más grande de lo normal.

Las estadísticas de violencia doméstica solamente en Carolina del Norte son alarmantes. Si usted conoce a alguien que está siendo abusado, por favor proporciónele a él o ella este número de teléfono para que se puedan beneficiar de los servicios disponibles para darles un lugar seguro y la esperanza de un nuevo comienzo.

Línea Nacional de Violencia Doméstica 1-800-799-7233 y TTY 1-800-787-3224

# *Sobre la autora*

Marva Edwards desde una temprana edad supo todo sobre los desafíos y lo que se necesita para superarlos. Lo que ella ni siquiera se dio cuenta, era que la vida la iba a empujar a un punto donde el entorno ya no se parecía a lo que ella conocía. Donde la razón ni la paz existían y la ayuda no era reconocida. La única persona que supuestamente estaba comprometida hasta que la muerte los separe estaba tratando de matarla. ¡Marva no podía ir a su pastor en busca de ayuda porque él era el hombre con que ella estaba casada! Ella no era una persona débil en lo absoluto, pero el temor por su seguridad y por sus hijos, destruyó su fuerza. Ella sabía que aún cuando el dolor físico fue más de lo que jamás pudo imaginar soportar, tenía que recuperarse lo suficiente para salvar a sus hijos y a ella misma. Fue entonces cuando Marva sabía que aunque se sintiera atrapada, su fe espiritual la sostendría, y que estaba *"Destinada A Ser Libre"* de nuevo.

Marva ha servido como una trabajadora comunitaria, presidió una Corporación de Desarrollo Comunitario, y desempeñó trabajos de campo tomando pruebas del SIDA y ha servido en el Pastorado por más de 10 años entre otros logros en Greensboro, Carolina del Norte. ¡Su mayor alegría es su familia y el trabajo en el ministerio!

Escrito por: Roberta Boyd-Norfleet

Website Address: WWW.MOM-MINISTRIES.COM
Email: momministries@yahoo.com
Facebook: Author Marva J. Edwards

Made in the USA
Middletown, DE
11 November 2015

I AM PREPARED TO GO ANYWHERE,
PROVIDED IT BE FORWARD
– Dr. David Livingstone

# ANCIENT KNOWLEDGE OF GEOGRAPHY

In ancient Greece they thought that the world was flat, and that the ocean was a huge river that flowed around the land. They thought that the sky was solid and that it rested on the shoulders of a titan, a giant, whose name was Atlas. The Ancient Greeks named the Atlantic Ocean after Atlas. Later, Europeans started calling books of maps *atlases*. What was beyond the Atlantic Ocean? Nobody knew. Ancient Greeks divided the world into 3 continents: Europe, Asia, and Africa.

In the 6th century BC, Greek philosopher Anaximander announced that the Earth was hanging in space. It had a flat top and was shaped like a cylinder, he said. Planets and stars were not fixed to a solid sky, they moved over and under the Earth, at different distances from the Earth. Anaximander also introduced the Greeks to map-making. His first map of the known world was engraved on a bronze tablet. Greek philosopher and mathematician Pythagoras was the first to suggest that the world was round, but this idea did not take root until centuries later.

The Ancient Romans adopted the Greek view of the world as 3 continents with the ocean flowing around them like a river. Greek astronomer and Roman citizen Claudius Ptolemaeus, who lived in the 2nd century AD, created what we know as the *Ptolemaic model* of the world. He said that the Earth was a sphere hanging in space and all the planets and stars revolved around it. This model is called a *geocentric* model. The Greek root *geo* means 'the Earth,' so *geocentric* = 'the Earth at the center.'

*A map of the lands known to the Ancient Greeks*

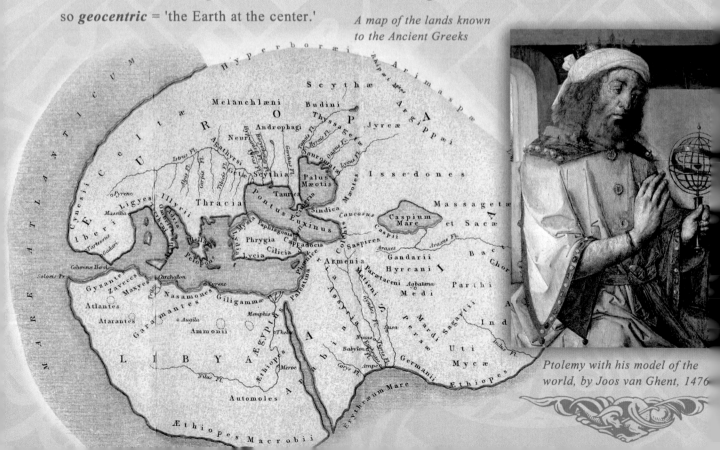

*Ptolemy with his model of the world, by Joos van Ghent, 1476*

Using the positions of stars and planets to find directions, the Romans built 55,000 miles of roads all over Europe. The famous Roman map of AD 400, the **Peutinger Map**, shows all the roads built by the Romans throughout their empire. It also shows India, Sri Lanka, and China.

However, despite the fact that they were expert shipbuilders and sea travelers, the Romans never crossed the Atlantic Ocean. It was only many centuries later, during the **Viking Age**, that Europeans first discovered the land beyond the Atlantic.

*Left: An **astrolabe** made in France in 1603. An astrolabe is a navigational tool that helps to identify planets and stars and measure how high above the horizon they are. Sailors used astrolabes for celestial navigation – finding their route based on the positions of stars and planets. Astrolabes were used since ancient times.*

*In ancient times the navigator who was going to sail out of sight of land measured how high the **North Star** was above the horizon at his home port. This was a way to find the **latitude** of the home port. To return home he needed only to come back to the place where the North Star was in the same position above the horizon as at his home port. Then he simply sailed along his home latitude to return to port.*

*Right: A 16th-century **quadrant** – a quarter of a circle. It was a simpler and cheaper navigational instrument used to find the altitude (height) of stars and planets above the horizon. Below left: A **sextant** – 1/6 of a circle. Invented in the 18th century, a sextant is similar to the astrolabe and the quadrant, except it is an **optical** instrument.*

*Below: The Peutinger Map*

# VIKING EXPLORERS

The period of European history from the 8th through the 11th centuries is called the *Viking Age*. The *Vikings* were the peoples of Scandinavia, coming from present-day Denmark, Norway, and Sweden. Like many ancient civilizations, the Vikings lived by war, conquering and plundering any land they could reach on their ships. In Norse, the language of ancient Scandinavia, *vik* means 'a creek,' or 'a bay,' and *vikingr* means 'a pirate.' Ireland, Scotland, England, and the north of France were favorite targets of Viking raiders.

Viking ships had oars and a single square sail that was often black. Along the sides of Viking ships hung rows of painted wooden shields. The *bow* (front tip) of Viking ships was often decorated with a dragon's head carved from wood – to scare off sea monsters! Whenever the ship came close to the shore, the crew would remove the dragon head from the bow so as not to scare anyone on land!

In the 9th century Norwegian Vikings reached Iceland. One of the Viking explorers, Flóki, set free three ravens while sailing West. One of the ravens turned back and flew home. One circled around and returned to Flóki's ship. The third raven flew West, and the Vikings followed it to a large uninhabited island. Flóki called the island *Iceland* because of the masses of ice drifting around it in the ocean. Soon Iceland became a place where Vikings who got in trouble with the law or quarrelled with their leaders came to settle. Among them was Thorvald Asvaldsson, banished from Norway for murder. He moved to Iceland in 960, and brought with him his 10-year-old son Erik, who would become one of the greatest Viking explorers – Erik the Red.

*The Vikings land in Iceland in 872*

Like his father, Erik had a short temper. Some thought that his nickname – *the Red* – was given to him not because of the color of his hair and beard, but because he got angry so easily.

When Eric was 32, he quarrelled with his neighbors and killed two of them in a fight. The Viking court sentenced Erik to exile for three years. Erik and his family moved to a nearby island. But soon he got into another fight and killed a few men who were chasing him. This time the Viking court sentenced Erik to being an *outlaw* for three years. As an outlaw Erik no longer had any rights. The law allowed anyone to kill him in revenge. That's when Erik sailed West in search of new lands.

At the end of his three years he returned and reported that he had discovered land with rich meadows and good fishing, which he had named *Greenland*. Soon a party of Vikings – together with their families, household goods and cattle! – boarded 25 ships and sailed to Greenland. Even though 11 ships were lost at sea during a bad storm, the Vikings started their settlement in Greenland.

One of Erik's sons, Leif Ericsson, became another great Viking explorer. In 1000 he bought a small ship – hardly 50 feet in length – to carry 35 men in search of land even further to the West. The ship was purchased from Biarni, a Viking who said he had seen land far to the southwest of Greenland.

Leif invited his father, Erik the Red, to join him in this adventure, but Erik's horse stumbled on the way to the harbor, and Erik fell to the ground. This was a bad sign, he decided. "I am old. It is not for me to discover new lands. Go without me," he told Leif. After a long voyage, Leif's ship reached a barren and rocky coast. Leif's crew were all trained warriors, and as they approached the unknown land, they wore their ring-mail coats, helmets, and swords, ready for any dangerous encounter. "This is not the land we seek," said Leif, "but I will give this land a name, and will call it Helluland." In Norse, this name means 'the land of stones.' On they sailed, and again they came to land. This time it was covered with trees, and the shore was of pure white sand.

Leif named this land Markland – 'the land of forest.' Today we know that these mysterious lands were North America! Leif reached America 500 years before Columbus.

*Leif Eriksson discovers America!*

Two days later Leif discovered a river and sailed up that river toward a lake. Both the river and the lake were full of salmon, the largest they had ever seen. Leif decided to spend the winter there, and the Vikings built themselves a wooden house – the first European settlement on the coast of present-day Canada. It looked like the land was uninhabited, but Leif was a cautious leader. He divided his men into two groups. One was to guard their homes and their ship. The other Leif sent inland to explore, telling them, "Go only so far inland that you can get back by evening." The explorers went out every day and returned at night, until one evening one of them went missing. The man who disappeared was Tyrker. He was not a Viking, but a German. He was a friend of Erik the Red and had known Leif since Leif was a little kid.

Armed, Leif and his men went looking for Tyrker in the forest. They found him on his way home carrying armfuls of grapes! Vikings had never seen grapes, because grape vines don't grow in northern lands, but Tyrker's homeland had vineyards, and he remembered grapes from his childhood. The wild grapes Tyrker found were delicious, and he said you could make wine from them, so Leif gave this new land the name Vinland. In spring Leif and his men returned home to Greenland. Their ship was loaded with dried grapes – raisins! They also brought with them some wood, because Greenland didn't have many trees, and the Vikings needed wood to build houses and ships. From then on, the Vikings called Leif 'Leif the Lucky.' Leif hoped to go back to Vinland, but the following winter his father, Erik the Red, died. Leif became the head of the Greenland settlements, and stopped traveling.

Meanwhile, Leif's brother, Thorvald, decided to see for himself the wonders of Vinland. In the spring of 1002, with a crew of 30, he sailed Leif's ship to Vinland. They found the houses of Leif's settlements, stayed there for a while, and then sailed further South. As they came ashore, they discovered marks on the sand that looked as if they had been made by a boat being pulled out of the water. Sure enough, they soon saw three overturned canoes, and found three men hiding under each boat. Used to resistance on their pirate raids, the Vikings attacked and killed the men hiding under the canoes. Only one escaped. But soon more men arrived armed with spears, bows and arrows. The Vikings ran to their boats and rowed to the ship, but Thorvald was wounded by an arrow and died. In the following years, more Vikings visited Leif's settlement in North America, but they didn't stay there long. They made peace with the native tribe that lived in Vinland. The tribesmen offered Vikings furs, hoping to buy their weapons, but Thorfinn, the Viking leader, forbade selling weapons, and sold them dyed cloth and milk instead. The local tribe had never seen cows and was happy to buy milk.

*Modern replica (copy) of a Viking ship*

# MARCO POLO ❧    1254 – 1324    *Venice*

Marco Polo grew up in Venice. In the 13th century Venice was the wealthiest city in Europe. Its harbor and Grand Canal were crowded with ships from all over Europe and the Middle East. Its bazaars were overflowing with goods from every corner of Europe, as well as Africa and Asia.

Marco Polo's father Niccolo was a merchant. Shortly before Marco was born, Niccolo and his brother Matteo left on a business trip to Asia, and were away for 15 years!  First, "with a fair wind and the blessing of God" they went to Constantinople, the capital of Byzantium. There they sold most of their goods, and traveled on to the East, to the city of Bukhara in Central Asia. In Bukhara they met

a Tatar nobleman who invited them to go with him to China, to visit Kublai Khan. Kublai Khan was the ruler of the Mongolian Golden Horde empire. The Mongols had conquered China, and Kublai Khan had declared himself Emperor of China. Kublai Khan liked the Polo brothers. They learned Chinese and spent some years in China. Niccolo and Matteo Polo came back to Italy in 1271 carrying a letter from Kublai Khan to Pope Gregory X. The letter invited Christian missionaries to come teach Christianity in China. When the Polos came home to Venice, Marco was 15. Two years later, Marco, Niccolo, and Matteo left home together, again headed to China. They carried a letter and a gift of holy oil from Pope Gregory X to Kublai Khan.

*The Polos in Pekin, China*

Dancers at a royal Persian banquet, 17th century; Persian necklace pendant, 12th century

Travel was slow and dangerous in those days. Marco Polo described his journey in his famous book, **The Travels of Marco Polo**. The Polos' journey lay through Armenia to Persia – modern-day Iran. In Armenia they saw Mount Ararat. It was said that after the great flood described in the Old Testament of the Bible, Noah's ark – the ship on which the ancient patriarch Noah had escaped the flood – came to rest on top of Mount Ararat. "The ark is still there, somewhere on the top of the mountain!" Marco's guide told him.

What was Persia like? Persians lived mainly on dates, salted fish and onions, reported Marco. For a beverage, they drank wine made of dates and spices. The cities were made mostly of shops and markets. Because of the oppressive heat, Persians didn't live in the cities. They built their houses in the suburbs and surrounded them with large shady gardens. Marco was told that sometimes the winds sweeping across the deserts were so scorching that people had to plunge up to the neck in rivers, and stay there until the winds had gone down. Otherwise they would be burnt to death! He heard the story of an army that was literally baked to death while on its way to attack a Persian city. Persians were not good at shipbuilding, wrote Marco. "Their ships are wretched affairs, and many of them get lost." Instead of being sealed with pitch, the ships were smeared with fish oil and held together by ropes made of the husk of a nut! The nails were made of wood... Uh-oh! Traveling across Persia, the Polos noticed that almost every village they passed was surrounded by a high wall of mud. Villagers told the Polos that their land was infested with slave traders. "They catch every living thing that is found outside of the villages – man, woman, or beast, nothing can escape them! The old people whom they capture they kill; the young men and women they sell into slavery in other countries." The slave traders use black magic spells, Marco was told. They are able to turn daylight into darkness! Soon they attacked the Polos and their guides, but the Polos fought them off!

In 1275, after a journey of "one thousand days" the Venetians reached China. Chinese farmers wore hats turned up at the brim and shoes turned up at the toes. They were quiet, busy, and civilized people, wrote Marco. The three Venetians lived at the court of Kublai Khan for 17 years.  In his book, *The Travels of Marco Polo*, Marco described the capital of the empire, Pekin (present-day Beijing): "The streets of Pekin are so broad and so straight that from one gate another is visible. There are many beautiful houses and palaces, including a very large one in the middle, that has a steeple with a large bell. Every night the bell sounds three times, after which no man is allowed to leave the city. At each gate a thousand men keep guard."

During feasts at the royal palace "the tables were arranged so that the Emperor sat higher than all others, always with his face to the south. His sons and daughters were placed so that their heads were on a level with his feet. The Khan was served only by his great barons, their mouths wrapped in rich towels embroidered in gold and silver, that their breath might not blow upon the Khan's plates." As the feast began, the magicians (who had long beards and wore long black robes) waved their magic wands, and the cups of wine and milk prepared for the Khan flew through the air all by themselves, and placed themselves in front of the emperor! Kublai Khan believed that this was done by real magic, but Marco suspected the cups were moved by some hidden mechanical device.

In summer Kublai Khan and his court went on picnics, where the Khan stayed in a vast tent supported "by columns of cedar and other perfumed wood, with the floor of lion and tiger skins. Inside was gilded furniture with huge silk-covered cushions of downy softness into which one sank almost out of sight." The Khan went hunting with a pet leopard who sat on his horse and was let loose to chase wild animals. Kublai Khan liked Marco's company and learned Italian from him!

Kublai Khan was a good ruler, said Marco. Whenever there was a great storm or flood, the Khan sent messengers into the area where it had occurred to find out if the crops had been destroyed. If there was damage, the Khan stopped collecting taxes from that area and distributed food among people who had lost their crops.

*Kublai Khan hunting; belt buckle showing a falcon attacking a goose, China, 14th century*

There were many things in China unfamiliar to Europeans. Here is how Marco Polo describes coal: "There are a kind of black stones cut from the mountains in veins, which burn like logs. If you put them on in the evening they will burn the whole night!" Marco was also surprised to discover that there was paper money in China. The money bills were made from the rind found under the bark of a certain tree. The material was cut up into small strips, and stamped with the royal seal. This was, perhaps, the earliest known paper money in the world!

Kublai Khan sent Marco on a diplomatic mission to the Western and Southern provinces of his kingdom. On his trip to Tibet Marco noticed that it was rich in gold. Even common people in Tibet wore gold bracelets and necklaces, he wrote. Women wore a lot of jewelry made of coral, and Tibet was full of wizards and astrologers. Marco had little respect for them. They were deceivers, he thought, just like the magicians at the Kublai Khan's court. Traveling further West, beyond Tibet, Marco visited Chinese provinces where people mined salt, hunted 20-foot-long snakes for fun, and had their teeth covered in gold.

Marco traveled to India. Over there it was so hot, he reported, that people wore very little clothes but a lot of beautiful jewelry! Even an Indian king he visited wore only a piece of cloth on his hips, but on his neck there was an enormous necklace of rubies, sapphires, and emeralds. The king also wore a string of 104 large pearls around his neck. "That's because every day, morning and evening, he has to say 104 prayers," explains Marco. Common people and the king alike took a bath twice a day, and always sat on the ground. When Marco asked the Indians why they never used chairs or benches, they replied, "We came from earth, and must return to earth. We honor earth by staying close to it."

*Sculpture of a god in Keshava temple at Somanathapura, India, 13th century.*

*Ring, India, 13th century, gold and diamonds.*

*Dagger: Blade - Damascus steel inlaid with gold, handle - jade; India, 17th century*

*Luna Vasahi Temple built in 1230, India; Photo: Akshat patni*

Marco admired the wisdom of Brahmins, priests of Hindu temples. "They are the best merchants in the world," he wrote "and the most truthful, for they would not tell a lie for anything on Earth." They took good care of their families, and never ate meat or drank wine. But they were very superstitious, thought Marco. When a Brahmin was about to make a business deal, he rose at dawn, went out, and had his shadow measured. If it was of a certain length, he went ahead with his business deal, if not, he postponed it to another day!

When Kublai Khan's daughter became engaged to the King of Persia, the Polos sailed with her from China to Persia, stopping at Borneo, Sumatra, Ceylon, and other places rarely visited by Europeans at that time. The journey took 2 years and was so dangerous that only 117 of the 700 travelers survived.

When the Polos arrived home in Venice, their friends and family could not recognise them. It had been 24 years! So the Polos arranged for a great banquet. In the middle of the feast Marco brought in the three coats the Polos had worn on their journey home. He ripped open the seams of the coats: Handfuls of precious stones – rubies, sapphires, diamonds, and emeralds – spilled onto the table.

At that time Venice was at war with another Italian city state, Genoa. Marco Polo joined the Venetian navy, but the Venetians were defeated. Marco Polo was captured by the enemy and thrown into prison in Genoa. One of his fellow prisoners was skilled at writing. Marco dictated to him an account of his travels in the East. The book was smuggled out of prison, and soon the whole of Genoa was reading it. When citizens of Genoa learned that the famous Marco Polo was in their prison, he was immediately set free.

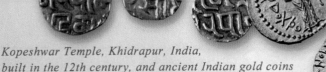

*Kopeshwar Temple, Khidrapur, India,*
*built in the 12th century, and ancient Indian gold coins*

# PRINCE HENRY THE NAVIGATOR
## 1394 – 1460

The period of European history from the beginning of the 15th century through the 17th century is often called the *Age of Discovery*, or the *Age of Exploration*. During these three centuries, overseas exploration, colonization, and trade became an important part of European life and culture. The man who initiated the Age of Discovery was Prince Henry the Navigator.

Prince Henry was a son of King John of Portugal. His mother, Queen Philippa, was English. In 1415, when Prince Henry was 21, he helped his father capture Ceuta, a port on the North African coast, held by the *Moors*. Europeans used the word 'Moors' when speaking of the Muslim inhabitants of North Africa – Berbers, Arabs, and Turks.

Why did the Portugese attack Ceuta? The North African coast, often called the *Barbary Coast*, had long been a base for the Barbary pirates. The Barbary pirates were Muslim slave traders who raided Southern Europe, capturing whole villages to be sold on the slave markets in Africa. The raids started soon after the Muslim conquest of Southern Spain in the 8th century, but they became especially fierce in the 15-16th centuries. The Barbary pirates captured thousands of merchant ships and sold hundreds of thousands of Europeans into slavery. The problem was so bad that most villages on the coasts of Spain, Portugal, France, and Italy were abandoned until the 19th century.

In the 19th century the United States declared war on the Barbaby pirates, and France conquered Algeria, putting an end to the Barbary slave trade.

To prepare for an attack against the Barbary pirates in Ceuta, Prince Henry worked at the Lisbon port. Suddenly the news reached him that his mother, the Queen, was dying. The King and her three sons were soon at her bedside.

"What wind blows so strongly against the side of the palace?" she asked suddenly.

"It's the wind from the north," her sons replied.

"Northern wind is the best for your departure," replied Philippa, and died.

King John and his sons followed her last will and left for Ceuta right away. The war against the Barbary pirates was successful, and Prince Henry displayed such courage that the King of England and the German Emperor asked him to lead their armed forces. But Prince Henry had a better idea. He wanted to explore the West coast of Africa, and send ships around the African continent so they could reach India by sea!

*Barbary Coast slave traders lead their victims to the slave market; coins of the Barbary pirate states, 19th century*

In the 15th century Europeans still had no idea what was beyond the Atlantic Ocean. They called it the ***Sea of Darkness***. Today, to go from Europe to India by sea, a ship goes from the Mediterranean Sea to the Red Sea through the Suez Canal, and it's in the Indian Ocean in no time. But in those days there was no Suez Canal. It was only built in 1869! Back in the 15th century, to go from Europe to India, a ship had to go all the way around Africa, and nobody had ever done that! And nobody had any idea how big the African continent was! Sailors were afraid to travel south along the coast of Africa. They thought the edge of the world might be there – with sheets of burning flame and the ocean boiling all around!

In order to understand the principles of navigation – finding directions and planning a route at sea – Prince Henry started taking classes in astronomy and math. At his base in the South of Portugal,

he started building ships and training Portuguese sailors in the art of navigation. Between 1418 and 1420 Prince Henry's captains traveled down the coast of Africa and reached the islands of Porto Santo and Madeira.

*Prince Henry's School of Navigation*

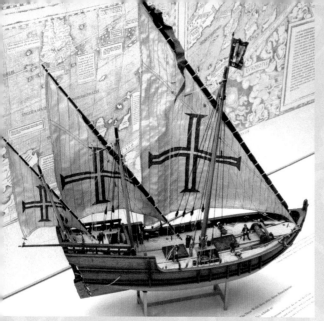
*Model of a Portuguese caravel*

Under Henry's direction, Portuguese shipbuilders created the **caravel**, a new light and fast ship that could sail **into the wind**, or **windward**. With caravels sailors didn't depend anymore on the direction of the wind. A caravel was 39-59 ft (12-18 m) long, and had 2-4 masts with triangular sails. Another discovery made by Prince Henry's captains was the North Atlantic **Volta do Mar** – the 'return from the sea' in Portuguese. The Volta do Mar is the pattern of the winds – the **trade winds** or **easterlies** – blowing from the East near the Equator, and **westerlies** – blowing from the West in the North of the Atlantic Ocean. Understanding these wind patterns enabled future voyages to America and the coming Age of Discovery.

After the capture of Ceuta Henry noticed that caravans brought a lot of gold to Ceuta from somewhere in Africa. Henry wanted to know the source of the African gold trade. To continue their exploration, the Portuguese needed better maps. In 1425, Henry's brother Peter traveled around Europe on a diplomatic mission. But his secret goal was to find the best maps for his brother Henry. He found and bought them in Venice.

In 1441 one of Prince Henry's captains, Antão Gonçalves, traveled down the coast of Africa looking for the source of the gold sold in Ceuta. He observed that the gold trade was small in comparison to the slave trade. Black African tribes fought wars and sold prisoners of war on slave markets all over Africa. The slaves were bought by other Africans, as well as by Muslim slave traders from the Barbary Coast. Antão Gonçalves visited an African slave market and became the first European to buy African slaves. He brought home 10 slaves and some gold dust. This created a sensation among the Portuguese explorers – they wanted to find the source of that gold! They were not interested in slaves. At that point they viewed the slave trade as uncivilized and barbaric.

Many captains from Italy came to Prince Henry asking him to send them on a mission of exploration. One of these Italian captains, a Venetian named Cadamosto, sailed to the coast of present-day Senegal and went 250 miles up the Senegal River. There he set up a market. Africans of that region had never seen a ship. Some guessed it was a giant bird because its sails reminded them of bird wings. Others thought it was a giant fish. They were friendly and eagerly traded with the Europeans, exchanging gold for cotton and cloth. Then Cadamosto sailed even farther down the coast of Africa. "Only once did we see the North Star, which was so low that it seemed almost to touch the sea," he wrote about his trip further South. Now we know that he must have been to within eleven degrees North of the Equator.

# DIEGO CAM ❧ 1452 – 1486

Prince Henry died in 1460, but the spirit of adventure and treasure hunting he had sparked grew in Portugal. By twos and threes, Portuguese ships kept sailing down the African coast in search of gold. Wherever they came ashore, they set up a wooden cross, and carved Prince Henry's motto *talent de bien faire* – "a hunger for good deeds" – into the bark of trees. As the exploration continued, stone pillars bearing the coat of arms (state emblem) of Portugal, the name of the navigator, and the date of discovery appeared on the African coast. Portugal had officially claimed this *Kingdom of the Seas* as its own.

In 1471 Portuguese navigators crossed the Equator, even though they didn't know what the Equator was. They saw stars unknown in the Northern Hemisphere. The North Star sank out of sight. In 1484 Diego Cam, a knight of the King's household, was ordered to go "as far to the south as he could." He reached the mouth of the Congo river, sailed up the river, and made contact with the Africans who lived along the shore in the Kingdom of Bakongo. The problem was, they couldn't understand each other at all. So Cam took four Africans with him to Portugal, where they learned enough Portuguese to become interpreters. Then they returned to Bakongo with Diego Cam carrying presents from the King of Portugal for their own King Nzinga a Nkuwu at Mbanza Kongo.

*Stone of Ielala, by the Congo River with the inscription carved by Diego Cam in 1485.*

King Nzinga a Nkuwu received the Europeans seated on a throne of ivory wearing a crown of palm leaves. He was a powerful ruler who collected tribute from local merchants trading in ivory, copper, and slaves. The King welcomed the Europeans, allowed them to trade in his land, and allowed them to build a church.

*Diego Cam's crew sets up a stone pillar in Congo*

Eight years later King Nzinga a Nkuwu became a Christian, and sent his sons to be educated in Portugal. The Portuguese shared with the King European techniques of building, tool-making, and agriculture. They gave the King a selection of horses and cattle, and sent carpenters and masons to work in Kongo. They even sent the King a printing press (invented only 40 years earlier!) with two German printers to operate it!

In 1506 King Nzinga's son, whose Christian name was Affonso, became the king of Bakongo. He was a devout Christian. Rui d'Aguiar, a Catholic missionary who lived at his court, wrote: "It seems to me from the way he speaks, he is not a man, but an angel, sent by the Lord. For I assure you, it is he who instructs us. He devotes himself entirely to study, so that it often happens that he falls asleep at his books, and often he forgets to eat and drink while talking about our Lord." Affonso's son Henrique became the first black bishop of the Catholic Church.

*King Affonso of Bakongo greets a Portuguese embassador*

Unfortunately, the peaceful relationship between Africans and Europeans didn't last long. African traders seeking to buy European goods offered to pay the Portuguese with slaves. After the Portuguese established their colonies in Africa and Asia, they needed cheap workers, so they started trading European goods for African slaves. King Affonso of Bakongo was one of the first to realize that the slave trade was about to ruin his kingdom. In 1526 he wrote to the King of Portugal: "Sir, there is in our kingdom, a great obstacle to God. Many of our subjects crave the Portuguese goods which your people bring to our kingdom in such abundance. In order to satisfy their crazy appetite they snatch our free people and sell them as slaves. They even take noblemen, and even our relatives. They transport their prisoners in the middle of the night, brand them, and sell them to white men."

King Affonso was right. By the middle of the 17th century the slave trade destroyed the special relationship between the Kingdom of Bakongo and Portugal. In 1665 the Kongo army was defeated by the Portuguese at the battle of Mbwila, and that was the end of the Kingdom of Bakongo.

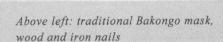

*Above left: traditional Bakongo mask, wood and iron nails*
*Above: African slave trader and his victims*
*Left: Portuguese slave ship*

# BARTOLOMEU DIAS
## 1450 – 1500

Bartolomeu Dias was one of the great Portuguese explorers inspired by Prince Henry. King John II of Portugal sent Bartolomeu Dias to sail around Africa looking for a trade route to India. The expedition consisted of two caravels and a support ship. Dias' caravel was the San Christovao (Saint Christopher). The ships left Portugal in August of 1487. Four months later they were still sailing South along the coast of Africa. One day they were hit by a violent storm and lost sight of the coast. The cargo ship that accompanied Dias' caravel and carried food for his crew was lost. The sailors grew desperate, fearing that they would starve. They threatened to mutiny unless Dias turned back home. Dias refused to turn back. When the winds calmed down, it became icy cold. The Portuguese ships turned North. Neither Dias nor his crew realized that they had become the first Europeans to sail around the southern tip of Africa.

After 30 days without seeing land, the ships reached a small bay. The coast was slanting eastward. Here Dias put up a stone pillar with the Portuguese coat of arms. They sailed up the coast and came ashore again. But a local African tribe spotted the Europeans and started throwing stones at them. Exhausted and disappointed, Dias' crew refused to sail any further. They finally turned back, and it was on their way back, in May of 1488, that they realized that they had made a real discovery.

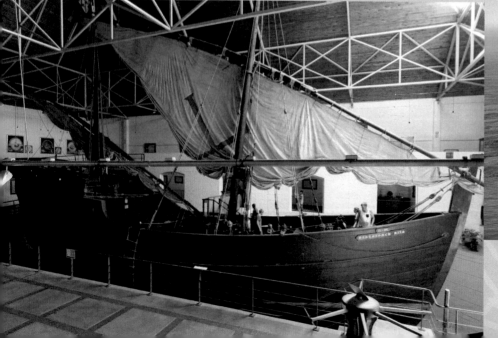

*The Cape of Good Hope*

*A replica (copy) of Bartolomeu Dias' ship in the Bartolomeu Dias Museum in South Africa*

Dias named the southernmost point of Africa the Cape of Storms and hurried home to the King of Portugal with his great news. On the way back, the San Christovao caught up with another ship – it was their own cargo ship lost in the storm! Of the nine men only three survived, and one of the survivors was so exhausted and happy, that once on board of the San Christovao, he fell dead at the feet of Dias.

Bartolomeu Dias' voyage continued for 16 months and 17 days. King John was thrilled, but he didn't like the name *Cape of Storms*. It should be called the Cape of Good Hope, he decided, since Bartolomeu Dias' voyage had opened the sea route from Europe to India.

10 years later Dias helped build the ships San Gabriel and San Rafael for Vasco da Gama, who sailed around the Cape of Good Hope and reached India in 1498. In 1500 Dias joined the second Indian expedition, headed by the Portuguese explorer Pedro Cabral. Cabral's fleet used the Volta do Mar navigational technique to sail far west where they could catch the westerlies for easy sailing toward Africa. His ships ended up so far west that they reached the coast of Brazil! Cabral claimed the new land for Portugal, exchanged gifts with local tribes, who were stone-age hunter-gatherers, and continued on his way to India. Near the Cape of Good Hope four ships, including Dias', were caught in a huge storm and lost.

*Pedro Cabral spots the coast of South America*

# CHRISTOPHER COLUMBUS

## 1451 – 1506

Christopher Columbus was born in the city-state of Genoa, one of the great Italian sea powers. As a child Columbus helped in his father's cloth-weaving business, but he dreamed of sailing ships. Columbus' family gathered enough money to send him to the University of Pavia where he learned geography, astronomy, navigation by the stars and map-making. At the age of 14 he became a sailor and then a merchant, traveling all over Europe. At 28 Columbus left Italy for Portugal, famous throughout the world for the discoveries inspired by Prince Henry. In Portugal he married and his son Diego Columbus was born.

At that time most of the old trade routes around Europe fell into the hands of Muslim Arab and Turkish pirates from North Africa. Port after port came under their rule, and European sailors and merchants were desperately looking for a new, safe route to India and China. In 1480 Columbus proposed to King John II of Portugal the idea of finding a new route to India by sailing west. He knew the Earth was round. "Even though on the map India is to the east of Europe, if we keep sailing west around the world, at some point we would reach India," he thought.

There was evidence of an unknown land to the west. European ships found artistically carved pieces of wood in the ocean... dead bodies of men with dark skin and broad faces, unlike Europeans, had been washed ashore...on the west coast of Ireland seeds of tropical plants had been discovered. Many people laughed at Columbus. Others were fearful: In those days the Atlantic Ocean was still known as the Sea of Darkness.  It was said that huge sea dragons lived there, and that beyond the sea there lay a bottomless pit of fire. They believed you could see the blood-red reflections of that fire as the sun set in the West! It was also believed that the ocean flowed downhill, and that if a ship sailed down too far, it would never be able to climb back up.

The King of Portugal liked the idea of a westward route to India, but he wanted the great discoveries to be made by his own Portuguese captains, not by an Italian. He got from Columbus his maps and plans, and secretly sent some Portuguese ships in search of that land in the West, but his ships hit a bad storm and returned to Lisbon.  When Columbus heard about this he left Portugal for Spain and asked King Ferdinand and Queen Isabella of Spain to help him with his project.

But the King and Queen were busy with war. In the 8th century most of Spain had been conquered by the Moors – Muslim Arabs from North Africa. Spanish Christian kingdoms, such as Castille, Leon, and Aragon were at odds with each other and couldn't fight off the invaders. It was only when King Ferdinand of Aragon and Queen Isabella of Castile were married in 1469, that Spain was united. Isabella and Ferdinand turned their joint forces on the last Muslim kingdom in Spain – the Emirate of Granada. They took it in 1492, and that was the year when Columbus got his lucky break.

In 1491, while traveling across the Spanish countryside, Columbus and his son Diego stopped at the monastery of La Rabida to ask for food and water. The prior of the monastery, Juan Perez, happened to be standing by the gate. He struck up a conversation with Columbus. Luckily for Columbus, Juan Perez was a close friend of Queen Isabella! He was inspired

*Columbus at the gates of the monastery of Santa Maria de la Rabida with his son Diego, by Benet Mercadé*

by Columbus' dream, and asked Isabella to hear him out. The king and queen were interested, but their advisors were appalled. "You want to sail over the earth's edge and fall down into an unknown space?" they asked Columbus. "And if the earth is indeed round, how are you going to get back from the other side? Do you know how to sail uphill?" King Ferdinand hesitated, but Queen Isabella was inspired. She declared that if her husband refused to help Columbus, she would sell her own jewels to raise money for his project.

*The surrender of Granada to Ferdinand and Isabella, by F. Pradilla*

*Columbus explains his idea to Ferdinand and Isabella by Emanuel Gottlieb Leutze*

Three ships were prepared for the voyage into the Sea of Darkness. Columbus' ship, the Santa Maria with a crew of 50 was to lead the way. The other two ships, the Pinta and the Santa Clara, nicknamed Niña ('baby'), each carried 18 men. It was hard to find sailors for such a dangerous voyage. As a result, Columbus' crew was made of daredevils who had nothing to lose. On August 3, 1492 the little fleet left Spain. In the middle of the Atlantic Ocean sailors were eagerly looking for signs of land. But day after day no land appeared and they grew restless. They demanded to turn back and threatened Columbus with mutiny. To prevent panic, Columbus kept two records of their progress. One, in which the real length of journey was given, he kept to himself. The other, in which the journey was shown as much shorter, he shared with the sailors. One day they thought they had spotted land. But it proved to be only a cloud... For a while the ships were hardly moving, entangled in vast beds of seaweed... Then a meteor with a trailing tail of fire plunged into the sea right in front of them!

The crew made Columbus promise that if they did not see land in three days he would return to Spain. Fortunately, signs of land began to appear. First, the sailors saw masses of drifting seaweed on which live crabs were floating. Then birds flew over the ships. Then the waves brought them a branch with

*A replica (copy) of Santa Maria*

berries and a crudely carved stick. Finally, on October 12, 1492, after 36 days of sailing, a gunshot signal sounded from the Pinta. A stretch of glistening sands and a green shore had appeared just a few miles away. The crews started singing *Te Deum*, a hymn of thanksgiving in Latin:

*We praise you, O God, we confess you as the Lord.*
*All creation worships you, the Father everlasting.*

People of a native tribe wearing head-dresses of feathers gathered on the shore. They wore no clothes. Their bodies were painted with red, white, and black paints. Some of them carried wooden spears with points charred in the fire. This tribe had never seen a ship before and thought it was a winged creature that came down from the sky! When Columbus and a few sailors got in a boat and rowed to the shore, the tribesmen fled. Columbus wore full armor and a red cloak. His captains were dressed in their best clothes. Once on the shore, Columbus went down on his knees and kissed the ground. He set up a cross and the royal banner of Spain on this new land that looked like an island. Columbus named it San Salvador. He thought the island was part of India, the land of gold and of the spice trade described by Marco Polo. Today we know that Columbus had actually landed in the Bahamas. But ever since that time, Europeans have called that region *The West Indies*.

Soon Columbus' crew made friends with the native tribe – who they called *Indians*! "I presented them with some red caps and strings of beads to wear upon the neck," wrote Columbus. "Afterwards they came swimming to the boats, bringing parrots, balls of cotton thread, javelins, and many other things which they exchanged for articles we gave them... I swear to your Majesties, there are no better people on earth," Columbus reported to the king and queen. "They are gentle, they don't know what evil is, they neither murder nor steal. Their speech is the sweetest in the world, they are gentle and always laugh..." Columbus captured six local tribesmen to serve as guides on his tour of the newly-discovered islands.

*The First Landing of Christopher Columbus in America by Dioscoro Teofilo Puebla Tolin;*
*Right: An amulet carved by the Taino Indians of the West Indies*

The Santa Maria sailed from island to island in search of the splendid kingdoms of India and China famous for their great cities and ancient civilizations. But all Columbus found were small tribes of hunter-gatherers who had no cities, farms, governments, or writing. It was clear to Columbus that the real India was somewhere farther west or south. "I looked at the tribesmen closely," wrote Columbus, "to see if there was any gold, and I noticed that some of them wore small pieces of gold in their noses. By signs I was able to understand that by going around the island to the South, I would find a king who had large golden vessels, and also gold in great abundance."

Soon Columbus found Cuba. He didn't realize it was an island. He thought he was close to the land of Kublai Khan described by Marco Polo. Seeing some people on the shore, Columbus sent two of his sailors as ambassadors to the palace of the great Khan. After 6 days the ambassadors returned: They hadn't found any cities or palaces. Instead they had made friends with a native tribe who taught them how to...smoke! This was the first time Europeans heard of smoking. Both men and women of the native tribe put rolls of leaves in their mouths, lit them on fire, and inhaled the smoke, reported the ambassadors. They called these rolls of leaves 'tabacos.' They also saw the women of the native tribe dig roots from the ground and cook them. That was the first time Europeans saw potatoes! They also caught "ugly serpents" the Spanish later called *iguanas*. The tribe hunted iguanas for their meat. Columbus wrote in his journal: "The houses and villages of these tribes are pretty, each with a chief who acts as their judge. Indian chiefs use few words and have excellent manners. Most of their orders are given by a sign." Columbus asked why the native tribesmen had deep wounds on their bodies. They told him that once or twice every year a fierce tribe from the north came in war canoes, killed whole villages, and carried away many people as slaves. Those tribes – *the Caribs* – were cannibals, they warned! Soon a few Spanish sailors who came ashore to get some water were attacked by 50 men armed with bows and arrows. The Spanish fought off the attack, wounding two attackers. This was the first armed conflict between Europeans and the native tribes of the Americas.

It was time to sail back to Spain, but the Santa Maria struck a coral reef and sank off the island Columbus had named *Hispaniola*. The Pinta had left for Spain. The Niña was too small to carry home the double crew. Columbus built a fort on Hispaniola, left 39 men of his crew to look for gold, and sailed back to Europe. After a difficult journey Niña needed urgent repairs, and Columbus came ashore in Portugal. Finding out who he was, the Portuguese sent their own famous explorer, Bartolomeu Dias, who had sailed around the Cape of Good Hope a few years earlier, to hear Columbus' story. But Columbus asked for a meeting with King John II of Portugal. He wanted to tell King John about the new lands the king failed to claim. It is said that among the people who were present at King John's meeting with Columbus was a 13-year-old boy, a page of King John's wife, Queen Eleanor. His name was Ferdinand Magellan. Magellan was to become one of the greatest European explorers of the Age of Discovery, who would find the Strait of Magellan, leading from the Atlantic to the Pacific Ocean.

Arriving in Spain, Columbus was greeted as a hero and named "Admiral of the Ocean Sea, Viceroy of the Western Indies." The word *viceroy* is made of 2 words – Latin prefix *vice-*, meaning 'in the place of,' and the French word *roi* – 'king.' A viceroy is a governor ruling a territory on behalf of a king. Columbus brought with him six 'Indians' whom he hoped to teach Spanish so they could be his interpreters. As his crew marched into the city of Barcelona, the Indians carried baskets full of gold. His sailors carried parrots and other exotic birds, plus one huge scaly lizard five feet long that scared the cheering crowd. Sitting on a throne beneath a canopy of gold with the young Prince of Spain beside them, the King and Queen received Columbus. As he approached, they rose, and greeted him standing – an honor reserved only for the greatest heroes of Spain. Columbus knelt to kiss their hands, but they raised him, and had him seat beside them as an equal. The royal family and the court prayed together and sang *Te Deum*.

There was a lot of envy for Columbus. It is said that when one of his supporters gave a dinner in honor of Columbus, a few wealthy Spaniards tried to insult him, saying: "Anybody can cross the ocean if you have a good ship, it's not a big deal." In response, Columbus showed them a hardboiled egg, and said: "Can you make this egg stand on end?" Amused, guests tried, but the egg kept falling down. Then Columbus struck the small end of the egg gently on the table to break the shell a little. After that he could easily make it stand upright. "What? Anybody can do this!" shouted the guests. "Sure," said Columbus, "after you've been shown how to!"

*The Return of Columbus by Eugène Delacroix; right - statues of gods carved by the Taino Indians of Hispaniola*

King John of Portugal was mad at Spain for claiming the West Indies. But Ferdinand and Isabella appealed to Pope Alexander VI, who was Spanish. The Pope drew an imaginary line on the map and proclaimed that all the newly-discovered lands to the west of the line (which included the Americas) belonged to Spain and all the lands to the east of the line belonged to Portugal! King John was unhappy with this decision and convinced Ferdinand and Isabella to move the imaginary line somewhat to the left, so that Portugal could claim a bigger chunk of present-day Brazil. This agreement made between Portugal and Spain in 1494 is known as *The Treaty of Tordesillas*, and it is the reason the country of Brazil speaks Portuguese today.

Six months after his return from the West Indies, Columbus left on his second voyage. This time his fleet was much larger – 17 ships carrying 1200 men. They took orange and lemon seeds for planting in the new islands, as well as horses, pigs, cows, sheep, and goats. The journey took only 21 days. On his way to Hispaniola where Columbus had left part of his first crew, he named many islands – Dominica, Guadeloupe, San Martin, Santa Cruz, and others. On one of the islands the Spanish went inland to find some native guides. All the men of the local village were away at war, and when the Spanish arrived, all the women fled into the woods. Suddenly, the Spanish spotted smoke-dried arms, legs, and heads of human beings hanging from the rafters of village huts. Terrified of cannibals, they ran for their lives.

*Stone age cultures used stone weapons like this American Indian flint arrowhead; below: Notes Columbus wrote on the margins of his favorite book, The Travels of Marco Polo*

The crew Columbus had left in Hispaniola had all been killed. The Spanish wanted revenge, but Columbus refused to attack the native tribes. He blamed the tragedy on the Carib cannibals from the North. In Santa Cruz the Spanish rescued two native boys captured by the Caribs. In a clash that followed a few Europeans were wounded and many Caribs killed.

*The dotted line is the line of Pope Alexander VI, 1493; the solid line is the line of the Treaty of Tordesillas, 1494*

Most of the men who came with Columbus were adventurers who hoped to find gold. Indeed, they found some gold in the river beds on Hispaniola, and started mining. However, instead of doing the work themselves, the lazy Spanish adventurers captured some native tribesmen and forced them to work in the mines. Columbus approved of this plan as long as the captives were 'prisoners of war' – the Caribs that had attacked the Spanish colony. But he was also angry with the lazy adventurers and ordered that every man must work with his hands – farm, cook, or do something useful to the colony. If anyone refused, he should not eat. Columbus made many bitter enemies, who would not be long without their revenge.

The clashes with the Caribs continued, and soon Columbus sent 500 Carib prisoners to Spain to be sold as slaves on the slave markets of North Africa. That would help pay for his ships and supplies, he figured. However, when Queen Isabella heard of it she was angry with Columbus. "Who gave him the right to make slaves of my subjects?" she asked, and ordered that every one of the Carib prisoners be freed and sent home. Columbus was puzzled. Enslaving prisoners was common among the native tribes of the West Indies. Also, only a few years before, Queen Isabella herself ordered thousands of Muslim prisoners of war to be sold to Muslim slave-traders.

While Columbus traveled exploring the islands, he left his son Diego to manage the Spanish colony. But Diego failed to keep order. Some colonists robbed and insulted the Indians. Next, thousands of Carib warriors led by an Indian Chief named Caonabo besieged the Spanish forts. Many Spaniards and hundreds of Indians were killed. Columbus' right hand man, 28-year-old adventurer, Captain Alonso de Ojeda, announced that with only 10 men he would capture Chief Caonabo. Ojeda and his men vanished into the thick forests of Hispaniola and soon found Caonabo's camp. They told Caonabo that if he came with them to the Spanish settlement, he would be given the bell that hung in the settlement's church tower. Caonabo wanted the bell badly, but refused to go without a few thousand of his warriors accompanying him. Then Captain Ojeda showed Caonabo a pair of handcuffs made of shiny steel, and told the chief that they were royal ornaments sent to Caonabo by the King of Spain. The way to receive the gift was to slip on the handcuffs and then mount Ojeda's horse behind Ojeda. The Caribs had never seen either handcuffs, or horses. The trick worked. Once the Chief was handcuffed behind Ojeda on his horse, the Spanish took off. The Caribs raced after them, but Ojeda's 10 men fought them off.

After that the Spanish built more forts. Indians were forced to pay a tax of gold dust. Indians who didn't bring gold were whipped. Once happy villages fell into ruins, and yet Columbus did not dare to cancel the gold tax. He was afraid that he had lost the support of the queen and hoped to buy back her approval with gold. Soon a brother of chief Caonabo brought dozens of thousands of warriors to avenge the defeat of his brother. Thousands of them perished in a bloody battle with the Spanish.

Finally, Columbus had a glimmer of luck. A Spanish soldier fell in love with an Indian girl and ran away with her. The girlfriend told the soldier of an abandoned gold mine on the Southern coast. It was the mine Columbus had been looking for since his arrival in Hispaniola. The soldier went there and found large nuggets of gold. He wanted to be pardoned by Columbus and marry the Indian girl, so he returned to the Spanish settlement with his finds. With this good news Columbus went back to Spain, leaving his brother Bartholomew in charge of the colony. Expecting the queen's anger over enslaving Indians, he came ashore dressed as a monk, in a long gown girded with a rope, his hair and beard long and tangled. He brought the queen gold nuggets and jewelry, and told her the sad tale of how the Caribs had killed his crew in Hispaniola and enslaved many native tribespeople. The queen forgave him and provided him with six ships for his third voyage to the West Indies in 1498.

By that time many colonists had returned from the West Indies to Spain disappointed. There was hardly any gold, but a lot of violence, they complained. Columbus couldn't find sailors for his next trip. In the end, his ships were manned by criminals whose prison terms were replaced with banishment to Hispaniola. On this trip Columbus reached South America, but his new discoveries were overshadowed by an eruption of crime and revolt in the Spanish colony. Criminals broke into storehouses of weapons and food, and captured the unexplored part of Hispaniola. Farming and mining stopped, and bands of Indians and Spanish criminals took turns plundering the colony. Negotiating with the rebels, Columbus allowed them to take to Spain a large number of Indians as servants and slaves. Queen Isabella was furious. Then even more colonists fled home to Spain, all blaming the disaster on Columbus. A new governor was sent to replace him.

Columbus was arrested, put in chains and placed on board a ship leaving for Spain. The captain of the ship wanted to take the chains off Columbus, but Columbus would not allow him to do so. He wore them to the end of the voyage. In a letter to the king and queen he explained what happened in the colony. "Weep for me, whoever has charity, truth, and justice!" he added. "I did not come on this voyage for gain, honor, or wealth..."

*Battle with the Caribs by August C. Haun*

*Columbus in Chains by Lorenzo Delleani*

When Isabella read the letter, she is said to have cried. She knew that Columbus spoke the truth. He was an explorer, not a conqueror. She pardoned Columbus again. He was not allowed to govern Spanish colonies anymore, but the Queen gave him ships to sail back to the West Indies in 1502 on his fourth and last voyage. This time Columbus reached the coast of Honduras and searched for a passage that would lead further west, beyond the land that stretched before him.

But that passage was not to be found until eighteen years later by Magellan.

Reaching the island of Jamaica Columbus was forced to stop. His ship was eaten by worms and leaked. Also, Columbus was very sick. They stayed there for a year trading beads and bells to local tribes for food. Finally they ran out of things to trade and were starving. To get the tribesmen to bring him food, Columbus told them that a certain god would punish them if they did not help the Spanish. As a sign, he said, the moon would lose its light and change color that very night. Of course, Columbus knew that an eclipse of the moon was about to take place. The trick worked, and the food arrived.

Columbus returned to Spain in 1504. That year Queen Isabella died. Columbus had lost his biggest supporter. "After twenty years of hard work and danger," he wrote, "I do not own even a roof in Spain." He died in poverty, abandoned by all his friends. Two years later his son Diego Columbus was named Governor of the West Indies.

*A map drawn in 1490 in Lisbon for Christopher Columbus; left: 16th century Spanish soldier's helmet*

# AMERIGO VESPUCCI
## 1454 – 1512

Among the explorers who accompanied Columbus on his second voyage was Alonso de Ojeda, the adventurous Spanish captain who tricked the Indian chief Caonabo and defeated his forces. On his return to Spain Ojeda became so famous that in 1499 King Ferdinand and Queen Isabella offered him his own expedition to explore the West Indies. Ojeda left Spain on May 20, 1499, with three caravels. One of his pilots was an Italian navigator, Amerigo Vespucci.

Amerigo Vespucci arrived in the West Indies years after Columbus, yet Europeans named the continents of North and South America after him. How did this happen? Amerigo Vespucci was the first to realize that what Columus had discovered was not India, but a different continent, which Amerigo named The New World. "It is proper to call it a New World," wrote Amerigo Vespucci. "Men of old said over and over again that there was no land south of the Equator. But this last voyage of mine has proved them wrong, since in southern regions I have found a land more thickly inhabited by people and animals than our Europe, or Asia, or Africa." Amerigo wrote letters about his voyages, and these letters were published. From them Europeans learned for the first time about the geography and native peoples of the Americas. Inspired by Vepucci's fame, map maker Martin Waldseemüller called this new continent *America* on one of his maps for the first time. It was 1507.

*Martin Waldseemüller's map;*
*right: a detail showing the name 'America'*

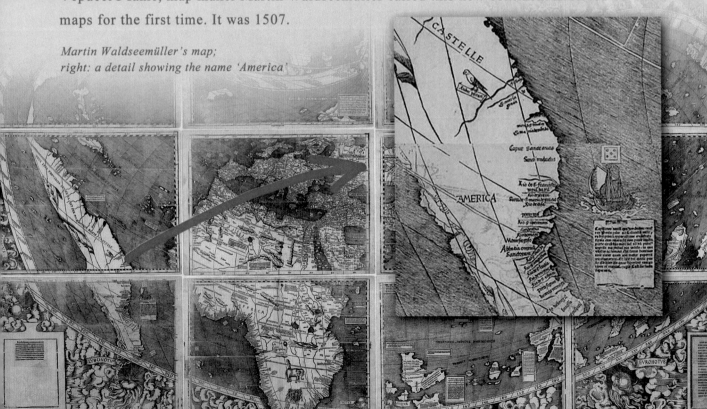

Amerigo Vespucci was born in the Italian city-state of Florence. Until he was almost 40 years old he made his living as a clerk for the great Medici merchant family. He could only dream of sailing the seas. In his free time he read books on geography, and studied maps and navigation charts. Then he decided to follow his dream and left for Spain. When Columbus returned from his famous first voyage, Amerigo Vespucci got a job with a merchant who supplied Columbus' expeditions with food. That's how he met Alonso de Ojeda.

Even though *America* started appearing on more and more maps, many historians refused to give Amerigo Vespucci credit for any discoveries. They called him a 'beef and biscuit contractor,' or a 'pickle dealer.' Meanwhile, Amerigo never tried to rob Columbus of his fame. He and Columbus were friends. Once Columbus asked Amerigo Vespucci to deliver a letter to Columbus' son Diego. In that letter he wrote, "Amerigo Vespucci, the bearer of this letter, is a very honest man. He is always eager to help me, if it is in his power."

Ojeda's caravels, with Amerigo Vespucci as one of their pilots, arrived at the coast of South America after 24 days of sailing. They stopped at Trinidad and headed toward present-day Venezuela. When they entered a gulf, now known as the Gulf of Venezuela, the Spanish saw the villages of the native tribes. They had large houses shaped like bells built over the water on piles made from tree trunks. Each house had a draw-bridge and canoes. These villages reminded Amerigo Vespucci of the Italian city of Venice with its many canals, bridges, and gondolas, and so he gave that area the name *Venezuela*, which means 'Little Venice.'

*Cantino planisphere - a Portuguese map from 1501-1502 showing the coast of Brazil and the Tordesillas line. It was stolen from Portugal and taken to Italy by Alberto Cantino, a secret agent of the Duke of Ferrara, who wanted to learn about the newest Portuguese discoveries.*

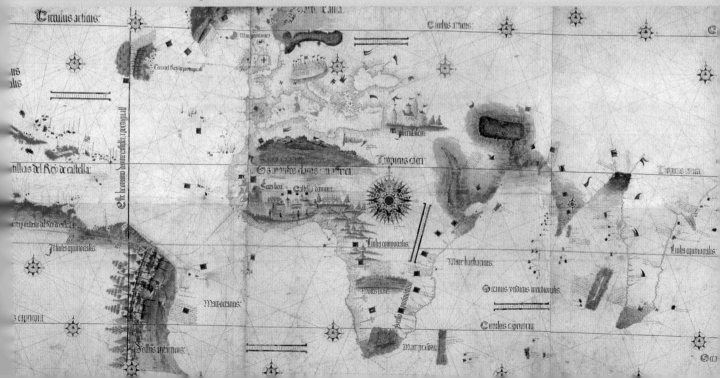

Sailing along the coast, Spanish sailors spotted a large canoe. Scared at the sight of European ships, 20 men jumped from the canoe into the water and swam to the shore. Only four boys remained in the canoe. "The boys told us they were prisoners, captured in order to be eaten!" wrote Amerigo Vespucci. "This way we knew that those people were cannibals." At their next stop the Spanish made friends with a local tribe from whom they purchased 150 precious pearls. The tribespeople also gave Ojeda's men gold as gifts: They didn't think gold was valuable! These tribes of the South American coast believed the Spanish were god-like beings who came from heaven. They brought food gifts to Ojeda – fish and cassava-root bread. They asked the Spanish to protect them from the Caribs. The Caribs were cannibals and slave traders, they explained. Ojeda readily agreed. Taking seven tribesmen on board as guides, he sailed to a distant chain of islands and fought a battle against a Carib tribe his guides pointed out to him. The Spanish captured many Carib prisoners who they sent to the slave markets of North Africa.

Meanwhile, as you remember, in 1500, Portuguese explorer Pedro Cabral, sailing off the coast of Africa on his way to India, discovered – by accident! – present-day Brazil. Inspired by Cabral's discovery, King Emanuel of Portugal decided to explore these new lands. When Amerigo Vespucci came home from his trip with Ojeda, King Emanuel invited Amerigo to lead expeditions to the coast of Brazil under the flag of Portugal.

*Left: Native village in Venezuela*
*Below: Spanish attack on a native tribe*
*and a native South American mask,*
*gold, silver and copper, between 1000–1465*

On his first trip under the Portuguese flag Amerigo's ships successfully reached the coast of South America, but there again the Europeans ran into a native tribe who were cannibals. Amerigo sent two of his men to talk to the native people who had gathered on the shore. His men never came back. A week later women of the native tribe came to the shore. A young Portuguese sailor volunteered to go ashore and talk with them. "When he arrived they formed a great circle around him," wrote Amerigo. "Then we saw a woman coming from the mountains carrying a large club in her hands. She stole behind him and, raising the club, gave him such a blow with it that he fell dead on the spot. Immediately the other women grabbed him by the feet and dragged him away towards the mountain. Then men of the tribe ran toward the shore and began to shoot arrows at us. Meanwhile, the women cut the young sailor into pieces, and were roasting him in our sight, showing us the several pieces as they ate them!" Amerigo and his crew raised their sails and fled.

In a letter to his childhood friend and patron Lorenzo di Pierfrancesco Medici, Amerigo described the tribes of the New World: "We found the whole region inhabited by people who were entirely naked. They have no laws and no religious beliefs...They have no private property, but hold everything in common. They obey no king or lord. Each one is his own master. They use neither iron nor any other metal. They sleep in hammocks made of cotton, without any covering. They eat seated on the ground, and their food consists of roots and herbs, fruits and fish. As to their meat, it is mostly human flesh. The men decorate their lips and cheeks with bones and stones... They are a warlike race who cut up and eat their dead enemies."

Continuing down the coast, on January 1, 1502, Amerigo Vespucci found a bay which he named *Rio de Janeiro* – 'River of January' in Portuguese. Today Rio de Janeiro is one of the biggest cities in Brazil. Not finding any gold or kingdoms to trade with, and threatened by dangerous storms, Amerigo Vespucci took his ships back to Portugal.

On his return to Portugal Amerigo Vespucci was received as a great hero, even though he came back empty-handed, without gold, spices, or pearls. One of Amerigo's ships was so worn out it was falling apart as it arrived in Lisbon. It was cut into pieces, and portions of it were carried in a procession to a church, where they were hung on the walls as treasures. In 1504 Amerigo Vespucci's letter to Lorenzo di Pierfrancesco Medici was published in Florence under the title *Mundus Novus* – 'The New World' in Latin. Amerigo was now truly famous. In Florence, the city of his birth, public celebrations were held in his honor.

In 1503 Amerigo Vespucci went on his last voyage to modern-day Brazil. After his return he moved back to Spain. King Ferdinand of Spain had such respect for him that he created the title *Pilot Major of Spain* – the chief navigator of the country – just for Amerigo Vespucci. Amerigo was given the job of correcting maps and navigational charts that had been created by Columbus and other explorers.

# ✺ VASCO DA GAMA ✺
## 1460 – 1524

After Christopher Columbus returned from his voyage, the race was on to find a sea route to India. In 1497 King Manuel of Portugal equipped three ships to find a way to India by sailing around Africa. Vasco da Gama, a nobleman and a well-known sailor, was appointed commander of the expedition. Vasco da Gama's brother, Paulo, became one of his captains. The king ordered that each ship must carry two priests and a surgeon. He also bought a few slaves from African slave traders to serve as interpreters. In addition, Vasco da Gama had to take with him a number of criminals sentenced to death: They were to do the most dangerous tasks on his journey.

Vasco da Gama's ships left Lisbon in July of 1497. A huge crowd gathered on the shore to see them off. People cried and knelt in prayer. Nobody expected to ever see Vasco da Gama and his crew again. On board his ship, the San Gabriel, Vasco da Gama had a book of Ptolemy's geography and *The Travels of Marco Polo*. The sails of his ships bore the red cross of the medieval knights' Order of Christ.

For four long months Vasco da Gama's ships sailed to the south. At some point they steered southwest into an unknown part of the South Atlantic. They were within six hundred miles of the coast of South America, but that was before Pedro Cabral discovered the coast of Brazil, so Vasco da Gama didn't know there was a continent to the west. Having spent ninety-six days out of sight of land, one November day, at noon, they reached a bay on the coast of present-day South Africa. They named it St. Helena Bay, but their stay there was short. A local African tribe attacked and injured sailors who wandered inland while waiting for the ships to be patched. One of the sailors was welcomed at a local village, but refused to eat the dish the villagers cooked in his honor. Such misunderstandings resulted in a clash. Vasco da Gama had a spear thrust through his leg.

The portion of the African continent that is below the Sahara Desert on a map is called *Sub-Saharan Africa*. *Sub-* is a Latin prefix meaning 'below.' In the time of Vasco da Gama, the North coast of Africa was controlled by Muslim Arab and Turkish kingdoms. The Africans of the Sub-Saharan region were mostly hunter-gatherer societies. Many technologies and inventions that enabled the rise of such ancient civilizations as Ancient Egypt, Greece, or Rome didn't appear in Sub-Saharan Africa until much later in history. For example, the use of the wheel was practically unknown there until the 19th century.

As Vasco da Gama's ships sailed on, enormous waves crashed over them. It was days before they saw land again. Exhausted, da Gama's sailors begged to go home. "Put your trust in the Lord. We shall yet double the Cape," answered Vasco da Gama resolutely. Sailors use the term *to double* meaning 'sail around.' Soon the seas grew calmer, the winds hushed, and they all knew that the Cape had been doubled at last.  But their troubles were not yet over. The sea was still very rough, and a new storm came. The waves rose toward the sky and fell back in heavy showers that flooded the ships. The men had to tie themselves to the masts to avoid being washed overboard. The ships were leaking again and cold rains soaked the crew. "Turn back! turn back!" shouted the terrified sailors, but Vasco da Gama threatened that he would throw into the sea anyone who would say these words again.

On the San Raphael the crew gathered together and agreed to disobey their captains and rebel – a *mutiny*. They convinced sailors on the other two ships to join them. Vasco da Gama pretended that he agreed to turn back to Portugal, and asked the ringleaders of the mutiny to sign a document explaining to the King of Portugal why the ships turned back. He invited them one by one into a cabin where they were supposed to sign a document. Instead, they were seized and put in chains by men loyal to the captains. Then Vasco da Gama brought the chained leaders of the mutiny on deck. First he told the sailors that all the traitors would stay in chains until they returned to Portugal.

Then he threw overboard the navigational tools – astrolabes and quadrants. "I place my trust in God, who will guide us from now on," he told his crew.

Along the way, after months of eating only dried or salted food, the sailors were struck with *scurvy*, a disease caused by the lack of vitamin C. Their hands and feet swelled. Their teeth started falling out. It was the first time Europeans experienced scurvy, and they didn't know its cause.

Soon they arrived at Mossel Bay. Local African villagers were friendly. They didn't seem to be surprised to see the Europeans and their ships, and offered the Portuguese bracelets made of ivory in exchange for brass bells the sailors brought with them. The sailors invited them on their ships and offered them bread with marmalade. Vasco da Gama gave them a mirror as a gift. The Africans had never seen a mirror before. They thought it was magical, and couldn't stop laughing at their reflections. They also sold the Portuguese some birds, and after weeks of eating salted food, Vasco da Gama's crew had a feast. Vasco da Gama named that area The Land of Good People. Since Vasco was in a good mood, his brother Paulo asked him to forgive the sailors who rebelled against him and who still lay below the deck in chains. Vasco da Gama agreed and released them.

Their next stop was at the mouth of the Zambezi River. Here, again, the Africans came to exchange gifts with the Europeans, and now the Portuguese were sure that these Africans had seen ships before. Maybe some ships from India had been there? Soon the mystery was solved: As Vasco da Gama sailed up the Eastern coast of Africa to the Island of Mozambique, he saw the ocean-going ships of Muslim Arab traders carrying gold, ivory, spices, and slaves. Afraid to admit that his expedition came from a Christian kingdom, Vasco da Gama pretended to be a Muslim, but he didn't have a precious enough gift for the Sultan of Mozambique, and the Sultan was angry. He sent Vasco da Gama away, having provided him with two pilots to guide Portuguese ships along the African coast. But when one of the pilots discovered that Vasco da Gama was a Christian, he immediately left.

*Above: Gold Portuguese coins, 1495-1501*

*San Sebastian, a Portuguese fort built in 1558 on the Island of Mozambique*

The other pilot admitted that the Sultan had ordered him to guide the Portuguese to the Port of Mombasa where the Portuguese were to be taken prisoner and executed. By the time Vasco da Gama found out the truth they were already in Mombasa, where their ships were attacked. The Portuguese fought off the attackers and left, firing the ships' cannons at the city.

*Vasco da Gama and the Zamorin of Calicut*

Vasco da Gama's ships crossed the Indian Ocean in 23 days. Nearly eleven months after they left Portugal, Vasco da Gama saw the coast of India. In Calicut the Europeans asked to be received by the local king, **the Zamorin** of Calicut. However, Arab traders were received by the Zamorin first, and told him that the Portuguese were pirates. Vasco da Gama handed the Zamorin a letter from the King of Portugal asking for a trade agreement, but the Zamorin didn't trust him. Again, Vasco da Gama didn't have any special gift for the Zamorin. A member of the Portuguese crew recorded that Vasco da Gama offered the king "4 scarlet hoods, 6 hats, 4 strings of coral, a case with 6 bowls for hand-washing, a case of sugar, 2 casks of oil and 2 of honey." The Zamorin was annoyed. His servants told Vasco da Gama that only gold was a gift worthy of a king. While walking across Calicut, Vasco da Gama stopped at a Hindu temple which he mistook for a Christian church. Inside the temple was a statue of a Hindu goddess which Vasco thought was the statue of Mary, mother of Jesus Christ. He knelt and said his prayers. Now people all over Calicut were laughing at the Portuguese.

As a result, Vasco da Gama's crew was only allowed to barter their goods for food. The Zamorin denied them permission to trade in the markets of Calicut. But the Portuguese were not discouraged. They took everything they brought with them from Portugal to the markets and spent three months bickering and bargaining with local merchants. By the time of their departure they ended up with a fairly large cargo of spices and some precious stones. But just as they were about to depart, the Zamorin captured a few men of Vasco da Gama's crew and kept them as hostages, demanding that Vasco da Gama pay a fee for docking his ships in the harbor of Calicut.

In response, Vasco da Gama ordered the capture of a few prominent citizens of Calicut and exchanged them for the hostages. The Portuguese also hid on board their ships a few Indians who said they were Christians.

On the way back Da Gama's fleet was sailing against the wind. It took them 132 days to cross the Indian ocean. Almost half of the crew had died during the crossing. In Cape Verde, da Gama's brother Paulo fell ill. Da Gama sent his ship, the San Gabriel, home to Lisbon, and stayed behind with his brother. Eventually Paulo died and Vasco da Gama returned to Portugal, where he was given a hero's welcome.

The follow-up expedition to India was launched in 1500 under the command of Pedro Cabral. In Calicut Cabral clashed with the Arab traders. The Portuguese factory set up by Cabral was overrun in a riot and 70 Portuguese were killed. Cabral fired his ships' cannons at the city to punish the Zamorin for siding with the Muslims, and soon left for Portugal.

In 1502 Portugal declared war on Arab traders of the Indian Ocean. The King of Portugal sent Vasco da Gama to Calicut to avenge the deaths of Cabral's men. This time da Gama commanded 15 warships and 800 soldiers. On the way to Calicut the Portuguese seized and sank any Arab ship they encountered. One of the ships carried Muslim pilgrims returning from Mecca. It was burned and sunk with all its passengers. Arriving in Calicut, Vasco da Gama demanded that the Zamorin banish all Muslims from his city. The Zamorin refused. Then the Portuguese bombarded Calicut from the ships for 2 days turning it into ruins.

*Vasco da Gama arrives in Calicut*

*Vasco da Gama's fleet attacks an Arab ship*

In addition, Vasco da Gama captured a few Indian cargo and fishing ships, and killed their crews. He had their hands and ears cut off, and sent them to the Zamorin with an insulting note suggesting that the king make himself a curry from this gift. The Zamorin hired a few Arab warships, but Vasco da Gama destroyed them in view of Calicut. The Portuguese set up two more trading posts on the Indian coast and returned home in October 1503.

Today, the cruelty with which Vasco da Gama avenged the deaths of Portuguese sailors in Calicut would have made him a war criminal, but at the dawn of the 16th century, after the endless wars and lawlessness of the Middle Ages and an ongoing clash between the Muslim and the Christian worlds, Europeans thought of leaders like Vasco da Gama as heroes. They focused on their courage rather than on unjustified violence.

Back home in Portugal, for 20 years Vasco da Gama lived a quiet life. He married. He and his wife had six sons and one daughter. Then, in 1524 he was appointed the viceroy of Portuguese India. So Vasco da Gama sailed to India again. However, three months after his arrival he contracted malaria and died.

# FERDINAND MAGELLAN

## 1480 – 1521

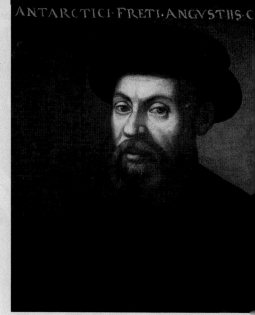

Ferdinand Magellan launched the first expedition that sailed around the world. He was the first to sail from the Atlantic Ocean into the Pacific Ocean.

Magellan was born in 1480 to a noble Portuguese family and was brought up as a page to Queen Eleanor of Portugal. When he was 25 he sailed as a soldier-sailor to Portuguese India and remained for 8 years in Goa and Cochin, protecting Portuguese colonies from Arab and Turkish fighters hired by the Zamorin of Calicut. Before leaving for India, Magellan wrote a will that included these words: "If I die abroad, I want my funeral to be like that of an ordinary sailor. My clothes and arms should be given to the chaplain of the ship as payment for the funeral service."

In 1511 Magellan participated in the conquest of the port city of Malacca in the *Spice Islands* under the command of the famous Portuguese conqueror Afonso de Albuquerque. The "Spice Islands" – the Maluku Islands of present-day Malaysia – were the center of the seagoing trade between China and India. The islands produced spices, such as nutmeg and cloves, that were as precious as gold in Europe. The Portuguese wanted a share of the spice trade – which was completely controlled by Muslim merchants.

While in the Spice Islands, Magellan came to the conclusion that the newly-discovered continent of America lay between two oceans. Now Magellan had a dream -– to sail from the Atlantic Ocean to that other ocean on the other side of America. To achieve this he needed to find a *strait* – a water passage – in some narrow portion of the American continent. This way a ship could reach the Spice Islands faster than sailing around Africa, thought Magellan. Of course, he had no idea how vast the Pacific Ocean was! He proposed to King Manuel of Portugal a new expedition of discovery to look for that water passage. But the King rejected his proposal. Then it occurred to Magellan that King Manuel's rival, King Charles I of Spain, might say 'yes' to his idea. There was another reason Magellan was interested in going to Spain: Beatrix, a girl with whom he was in love, had moved with her family from Portugal to Spain. Once in Spain, Magellan found Beatrix and soon they got married. He also found a way to request a meeting with King Charles. King Charles was 18 years old, and like most teenagers he was excited about adventures and discoveries. He said 'yes' to Magellan and gave him 5 ships and 150 sailors!

Meanwhile, King Manuel of Portugal, realizing that he had made a mistake, threatened Magellan that if he sailed under the Spanish flag, he would be declared a traitor. Magellan ignored the threat. King Manuel offered Magellan a royal pardon and rich rewards if he returned to Portugal. Again, Magellan rejected the King's offer. At that time King Manuel was in negotiations with King Charles, seeking to marry King Charles' sister, Leonora. Manuel sent a message to Charles saying that if Magellan was allowed to sail under the flag of Spain, he would not marry Leonora! "I couldn't care less," replied Charles. "My sister will find herself a greater king to marry than the king of Portugal!" In a strange way, his words came true: King Manuel married Leonora, but after his death she married the French king Francis I and became the Queen of France.

*A replica (copy) of the Victoria*

As threats failed, the Portuguese ambassador to Spain, Alvaro da Costa hired a killer, who one night followed Magellan through the dark streets of Seville. But Magellan noticed the scary shadow creeping closer and closer, and when the killer attacked him, Magellan whirled around and slashed the attacker across the face with his sword. "Take this to Alvaro da Costa," he said as the would-be killer screamed and fell to the ground. When the murder plan failed, Alvaro da Costa sent his agents to stir up the common people of Seville against Magellan. One day, as Magellan was working on his flagship, the Trinidad, an angry mob tore down the flag bearing Magellan's coat of arms – his family emblem. "It is a Portuguese flag," the crowd shouted. "Don't dare to fly it on a Spanish ship!"

The protesters brandished clubs and threw stones at Magellan, but he just stood there, silently, until the police arrived and arrested the riot leaders. Back in Portugal King Manuel was so angry that he ordered Magellan's coat of arms to be erased from above the doorway of Magellan's own house!

As ships were bought for Magellan's expedition, a Portuguese spy wrote to King Manuel: "These ships are old and battered, and their ribs are as soft as butter! Sorry would I be to sail in them, your highness." Little did he know that one of these ships, Victoria, would become the first ship to sail around the world!

*King Charles of Spain, portrait by Bernard van Orley, 1517*

*Magellan's fleet*

Meanwhile Magellan and his wife Beatrix had a baby boy born to them. The baby was only 6 months old when Magellan left on a voyage from which he would never return.

On September 20, 1519 five ships of Magellan's expedition – the San Antonio, the Concepcion, the Victoria, the Santiago and the flagship Trinidad – left Seville. Within six days the fleet arrived at Tenerife, the largest of Spain's Canary Islands, where they stopped to stock up on wood, water, and fresh fish. While these supplies were being taken on board, a caravel arrived from Spain. Its captain brought a letter for Magellan from Magellan's father-in-law, Diego Barbosa. "Beware, my son, beware!" said the letter. "Keep a good watch, for it has come to my knowledge, from some friends of your captains, that if any trouble occurs, your own crew will kill you!"

The Atlantic Ocean was stormy, and the sailors saw *St. Elmo's fire* at the tips of the masts. St. Elmo's fire is a blue or violet glow that forms when an electric field around an object causes *ionization* of air molecules. It often appears during thunderstorms. Sailors of the Age of Exploration believed that these mysterious lights, often seen at sea, were signs of encouragement from St. Elmo, the patron saint of sailors.

Two months of endless rain and food rations growing smaller and smaller resulted in a mutiny on the ships of Magellan's expedition. The Spanish captains didn't like their Portuguese commander and threatened to take over the expedition. By King Charles' order every evening all the ships of Magellan's fleet were supposed to signal the flagship Trinidad and salute Captain General Magellan with the words, "God save you, Captain General and your good company." But some of the captains stopped saluting the flagship.

*St. Elmo's fire*

Then, at the captains' meeting on the Trinidad, one of the captains openly insulted Magellan. But Magellan was not to be pushed around. He seized the captain by the collar, and said: "You are my prisoner!" Then he ordered him locked up and appointed another in his place right away.

It was not until November that Magellan's ships made it to the coast of Brazil.
On the coast, native tribes traded eagerly with Magellan's sailors. For a knife they offered four or five ducks; for a comb they traded fish for ten men; for a little bell, they paid a basket of sweet potatoes. The native people of this region lived in long, low huts, as many as a hundred people occupying a single hut. They had no metal and built their houses and boats with stone age tools. They wore no clothes except belts made of parrot feathers. Under their lower lip they had 3 holes from which hung small round pebbles. Many people had strange symbols burned into the skin of their face. A long drought had preceded Magellan's arrival, but as his ships appeared it started raining! The tribesmen believed that it was the Europeans who had brought the blessed rain. The people of this tribe were always welcome on board Magellan's ships. One time Magellan noticed a native woman walking stealthily toward the door of his cabin. He ran after her, concerned that she would steal his navigational tools. And she did steal one thing – a metal nail sticking from the cabin door! A stone age society, the local tribespeople thought any metal object was a gift from the gods. The friendly relations between the native tribe and Magellan's crew ended suddenly, when Europeans discovered that these same tribespeople cooked and ate their captured enemies.

*Pedro Álvares Cabral had claimed Brazil for Portugal in 1500, 20 years before Magellan's voyage. Cabral was the first to make contact with the native tribes of present-day Brazil.*

From December through March Magellan led his ships along the coast of Patagonia toward the southern tip of South America. The Southern Hemisphere winter was coming and no discoveries had been made. Magellan decided to stop for a few months. He put his crews on smaller food rations to make food last longer. This was the last straw. The crews demanded that Magellan lead them back to Spain immediately. Magellan refused. Two of the Spanish captains boarded the San Antonio, seized the captain, who was Portuguese, and put him in chains. They broke open the food supply, gave the sailors all the bread and wine they could find, and made a plan to capture the flagship, kill Magellan, and sail home to Spain.

When Magellan heard of this he was calm. He sent a sailor in a boat to row up to each ship: "Find out for whom they declare allegiance. I want to know how many are against me," he said. Magellan's messenger approached each ship, asking "For whom do you declare?" From three of Magellan's ships came the answer: "For the king and ourselves!" Only one ship, the Santiago, replied, "For the king and Captain General Magellan." Magellan's next step was to send a messenger with five guards bearing hidden weapons to the Victoria. The messenger demanded that the captain of Victoria come with them on board the flagship. When the traitor-captain refused, the messenger pulled out a dagger and stabbed the traitor dead. The crew of the Victoria surrendered after a bloody fight. Magellan boarded the Victoria and ordered 6 mutiny ring leaders executed by hanging. To capture the San Antonio, Magellan asked one of his sailors to pretend he wanted to join the mutiny. The sailor was taken on board the San Antonio. At night he cut the cables, so that the San Antonio drifted close to the Victoria. From the Victoria, Magellan and his men boarded the San Antonio and defeated the rebellious crew. This was the last mutiny on Magellan's ships. Nobody dared to mutiny again while Magellan was in command.

With the return of spring weather in October of 1520, Magellan found the strait – now known as the *Strait of Magellan* – for which he and others had been looking for so long. One of Magellan's companions, Italian explorer Antonio Pigafetta, wrote: "When Captain Magellan passed the strait and saw the open ocean before him, he was so excited he cried." After days of heavy storms the waters of the ocean seemed calm, and Magellan named it the Pacific Ocean.

*Spanish dagger 16th century*

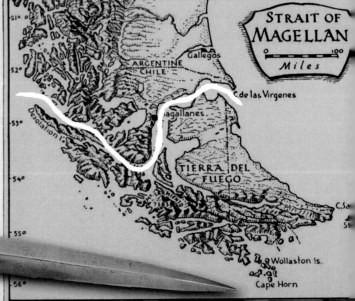

*Magellan and the mutiny ringleaders*

During this part of the voyage one of Magellan's ships, the Santiago, was shipwrecked, and the San Antonio slipped away in the middle of the night and deserted the fleet, returning to Spain. Once in Spain, the crew of the San Antonio lied to the King that the expedition had failed, and all the ships were lost except their own.

Thinking that India and China were close to South America, Magellan expected to cross the Pacific Ocean in 3 days! Little did he know that their Pacific crossing would take 3 months. During this crossing Magellan's crews ran out of food. They caught rats in the hold of the ship and cooked them. But at some point there was nothing  left...30 men died of starvation and scurvy. Magellan stayed healthy because of the supply of dried quince he had brought with him. At this point Magellan decided that instead of returning to Europe by retracing his voyage around South America, he would keep sailing west, go around Africa, and be the first to complete a voyage around the world.

Finally, on March 6, 1521, the crews of Magellan's ships spotted the emerald crown of a mountain rise above the horizon. Soon they made landfall on the island of Guam. The islanders came to meet the Europeans and were invited to visit onboard the ships. As they toured the ships, the islanders started grabbing items they liked and loading them into their canoes. They even took a boat that had been fastened to the stern of the Trinidad. "Clear the ship!" ordered Magellan. The angry islanders started throwing stones and burning torches at the Spanish ships. Magellan sent his men to bring back the stolen items, and gave the island the name the "Isle of Robbers."

The Spanish sailors chased the islanders to their village. A fight followed. Many houses were set on fire and a few tribesmen were killed. It became clear that the local tribespeople were not familiar with even stone-age weapons such as bows and arrows. Magellan's men felt badly about using weapons against unarmed enemies. These islanders had lived so long isolated, wrote Pigafetta, that they had no enemies, and no need to invent weapons. "They thought there were no other people in the world but themselves." After this disaster Magellan quickly took his ships to sea and continued sailing west.

The next group of islands his expedition reached is now known as the Philippines, named after King Philip II of Spain. Here Magellan's servant, who was a Malay from the Spice Islands, suddenly realized he understood the language of the local native tribe! Now Magellan knew that the famous Spice Islands were not far off, and that he had practically accomplished what he had set out to do. Magellan impressed a local king by showing him European armor. He made one of his sailors wear the armor and three others hit him with swords to show how the armor protects a soldier's body. The king was speechless. He wanted to be friends with the newcomers. He told Magellan that there was a lot of gold on the island in nuggets the size of an egg! That convinced Magellan to stay. Soon, to please Magellan, some tribal leaders decided to become Christians. They agreed to pay a tribute in gold to the king of Spain. However, Magellan didn't realize that his new friends sought to use the Europeans' military skill in their own tribal wars. One of the tribal leaders told Magellan that he would love to become a Christian and an ally of Spain, but some of the chiefs in his tribe refused to support him. Magellan promised to help him. Next, Magellan's armed men were marching against the rebellious chiefs, only to be met by thousands of local warriors. A battle broke out and Magellan was killed with iron-pointed bamboo spears. He was 41 years old.

The remaining members of Magellan's crew, now numbering only 115, crowded onto the Trinidad and the Victoria for a homeward journey. It was September 1522 when they reached the Spice Islands. Here they took on board some cloves and birds of Paradise, and sailed on. But the Trinidad was too worn out to stay afloat, so the little Victoria sailed back to Spain alone with sixty men aboard, led by Captain Del Cano. By the time they reached Spain and completed the first ever voyage around the world, only 18 of the 270 men of Magellan's expedition were alive. The crew of the Victoria came ashore in Spain on a Thursday, but for some reason they were convinced it was Wednesday! Everyone was puzzled, wrote Antonio Pigafetta. "However, there was no error! As the voyage had been made continually towards the west, and we had returned to the same place as does the sun, we had made that gain of twenty-four hours!"

*Discovery of the Strait of Magellan*

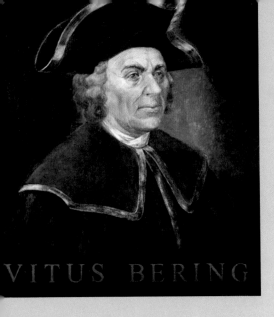

# VITUS BERING
## 1681 – 1741

Vitus Jonassen Bering was a Danish explorer in the service of the Russian Tsar Peter the Great. Until the end of the 17th century Russia was somewhat isolated from Europe and lagged behind in education, technology, and military power. But in 1696, 24-year-old Prince Peter -– who we know as Peter the Great – became the Tsar of Russia and started a series of reforms. He reorganized the Russian government, army, and trade to be more like those of Western European countries. In 1703 Peter the Great captured a Swedish fortress on the Baltic Sea and founded in its place a new city, Saint Petersburg.

Saint Petersburg became the new capital of Russia. To protect and expand his northern borders, Peter started building the Russian Navy. To learn shipbuilding, he traveled to Amsterdam in the Netherlands. That's where young Vitus Bering, who had been a sailor since age 15, was training to be a naval officer. In 1704, inspired by the achievements and the enthusiasm of Peter the Great, Bering enlisted in the Russian navy. 20 years later, in 1724, Peter the Great ordered Bering to command a voyage of exploration to the Pacific coast of Russia. Thanks to Magellan and other explorers of previous centuries, Europeans knew that the Pacific Ocean lay between the Asian and American continents.

*Peter the Great, portrait by J.-M. Nattier*

*Saint Petersburg, Russia - ice floating on the Neva river*

But were the two continents joined together somewhere in the North, or was there water between them? That question was as yet unanswered. With his own hand Peter the Great wrote the plan for Bering's expedition:

"(1) At the Kamchatka Peninsula on the Pacific coast of Russia two ships are to be built.

(2) With these you are to sail northward along the coast and, as the end of the coast is not known, this land is undoubtedly America.

(3) For this reason you are to inquire where the American coast begins, and go to some European colony and, when European ships are seen, you are to ask what the coast is called, note it down, make a landing, and after having charted the coast, return."

Peter the Great died a week before Bering left Saint Petersburg for Kamchatka.

Bering led his expedition across snow-covered Russia into *Siberia*. Siberia is the Asian part of Russia east of the *Ural Mountains*. The Ural Mountains serve as a border dividing the landmass of Eurasia into two continents -– Europe and Asia. With rafts and boats, Bering's expedition made its way up and down Siberian rivers till they reached Yakutsk, a Northern Russian city in the *permafrost zone*. Permafrost areas are portions of land that remain frozen all year round. Siberian rivers could be used for transportation only about 3 months of the year. They are covered with ice from August through early May. In May as the ice thaws and breaks, the rivers rise up to 30 feet above their level, flooding the land around and destroying everything in their way by dragging drift ice, tree trunks, and huge rocks for miles and miles.

After spending the winter in Yakutsk, Bering traveled eastward through utterly unknown land covered with dense Siberian forests, dangerous swamps, and cut up by deep and bridgeless streams. In some places the explorers had to cut their way through snow that was over 6 feet deep.

*Siberia in winter*

*A dog sled*

The temperature often fell to -71° Fahrenheit. When blizzards swept over these snowy wastes, men who stepped only a few feet from the camp could perish – unable to find their way back. One group of the expedition ran out of food and had to gnaw on their leather shoes and bags to survive. All their horses died of starvation. It took Bering over 2 years to arrive at the Russian Pacific coast town of Okhotsk. The whole town consisted of only 10 Russian families who lived by fishing. In Okhotsk, Bering started cutting trees to build his ship, the Fortuna, for the voyage of discovery.

Finally the little Fortuna was sailing bravely across the Sea of Okhotsk to the coast of Kamtchatka. The explorers could have sailed around the Kamchatka Peninsula to head north up the Pacific Coast of Russia, but nobody knew how far south the Peninsula extended. It took them a whole winter to cross Kamchatka using its rivers. It was not until March of 1728 that Behring reached his goal, Ostrog, a Russian village on the Pacific coast. Ostrog consisted of forty huts, a fort, and a church. Here they built another ship, the Saint Gabriel. All the building materials were hauled on sleds pulled by dogs.

On July 18, 1728 the sails of the Saint Gabriel were raised, and Bering, with a crew of 44, started on his great voyage of discovery along an unknown coast of an unknown sea. The sea was alive with whales, seals, sea-lions, and dolphins.

*The Pacific coast of Kamchatka*
*and a model of the Saint Gabriel*

After three weeks at sea, eight *Chukchas*, native men of the Siberian coast, came rowing in a boat made of leather. One of them jumped into the water, and used two inflated seal bladders to swim to the ship. With the help of Bering's interpreters who knew local native languages, the man explained that his people lived along the coast and knew Russians well, that the continent stretched to the west, and to the north was open sea. Bering gave the man gifts for his people and kept sailing north.

On August 11, 1728 the Gabriel sailed into the narrow strait that separates Asia from North America – now known as the Bering Strait. But at that point Bering didn't realize he had already reached his goal. He also didn't know he was only 39 miles away from the coast of America.  Two days later the expedition crossed the *Arctic Circle*. The Arctic Circle is the latitude north of which is the zone we call *the Arctic*. As the Gabriel sailed north, the coast turned westwards and it looked like they were rounding the Asian continent. Bering's voyage was cut short by the polar ice advancing from the north. Concerned that the sea would freeze over before they could return, Bering turned his ship back toward Kamchatka. It was not until the voyage of Captain Cook in 1778 that Europeans realized how narrow the Bering Strait is – only 51 miles (82 km) wide at its narrowest point. It was Captain Cook who named the strait after Bering.

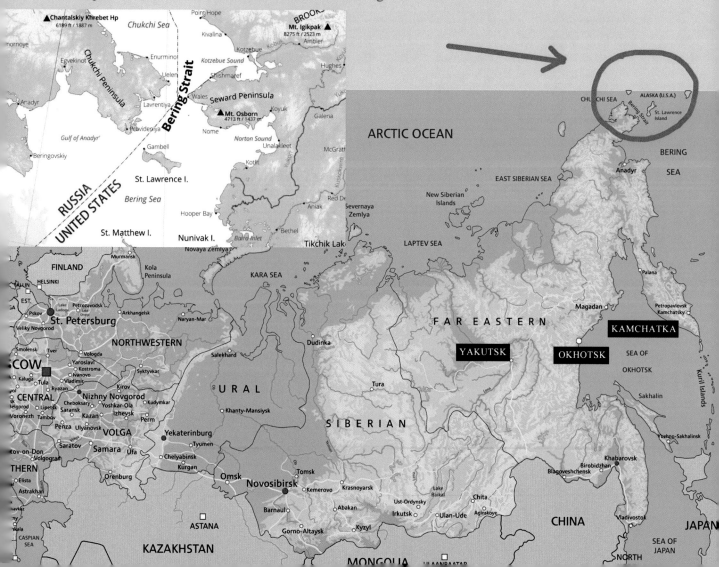

Bering's expedition lasted 5 years, but because he failed to visit the coast of America, Russians were not happy with the expedition's results. To compensate for that failure, Bering proposed to lead another voyage of discovery, the Great Northern Expedition that would chart the long Arctic coast of Siberia and explore the west coast of America. In 1733 Bering's new expedition left for Kamchatka. It took Bering 2 years to move all his people and supplies to Yakutsk. One branch of his expedition consisted of a bunch of professors from the Russian Academy of Sciences, founded in 1724. They were bringing with them a library with several hundred books, seventy rolls of writing paper, 9 wagonloads of instruments, including telescopes fifteen feet long! 570 men joined the expedition. A few voyages with different crews were launched. They created maps of the Arctic Ocean coast of Russia, explored its Pacific coast, and launched the first Russian voyage to Japan.

Eight years after the expedition began, Bering set out to sail from Kamchatka to America. After a six-week voyage he became the first European to reach Alaska. For a couple months Bering cruised between the islands by the Alaskan coast in damp and foggy weather, which then gave way to violent storms. Bering fell ill, and his crew were disabled by scurvy. One day his ship struck a rock and they found themselves stranded on an unknown island off the coast of Kamtchatka. Only two men of the crew were strong enough to leave the ship. They found a dead whale and fed the crew. They spent the winter on this uninhabited island.

With difficulty they built five underground huts on the sandy shore, and each day, in raging snowstorms and piercing winds, one man went forth to hunt for sea-otters, white arctic foxes, and *sea cows*. Sea cows were first described by Bering's expedition. They were up to 30 feet (9 meters) long and ate mostly seaweed. Sea cows were related to manatees of the Atlantic Ocean which also eat seaweed. Less than 30 years later sea cows became extinct, probably because of overhunting by the growing Aleut, Yupik and other native tribes of this region who relied on marine mammals for food.

During the winter on that uninhabited island man after man of Bering's expedition died of scurvy. By winter Bering's own condition had become hopeless. Soon he passed away. The survivors of his expedition built a new ship from the wreck of the old one and returned to Kamtchatka to tell the story of Bering's discoveries and of his death. Their prize was claiming Alaska for Russia. The first permanent Russian settlement in Alaska was founded in 1784. In 1867 Russian Tsar Alexander II concluded that Russia would not be able to defend Alaska in case of war, and so he sold Alaska to the United States.

The uninhabited island on which Bering died was given his name – Bering Island – and the group of islands around it was named the Commander Islands (Komandorskie Ostrova) in honor of Vitus Bering's rank as the commander of the expedition.

*Above: Bering's ship, the Saint Peter*
*Left: a Chukcha family -*
*19th century illustration;*
*below: Bering Island*

# JAMES COOK
## 1728 – 1779

Captain James Cook was the first European to reach Hawaii and the eastern coastline of Australia. When Cook was 16 he moved to the fishing village of Staithes on the east coast of England where he worked in a grocery store. But rather than focusing on his work, he would gaze out the window at the sea and dream of becoming a sailor. As a result, 18 months later, he lost his job and went to the nearby port town of Whitby looking for work on ships that carried coal along the coast. That's how James Cook's sailing career began.

At 26 Cook joined the British Navy. His skill as an explorer and cartographer won him fame, and he was sent to make maps of the coasts of Newfoundland and Labrador in present-day Canada. In 1768 he got orders to sail to Tahiti to observe the *transit of Venus*. A transit of Venus occurs when the planet Venus passes between the Sun and the Earth and becomes visible as a little black dot against the sun. *The Royal Society* – the British academy of sciences – hoped that observations of the transit of Venus would help to determine the distance between the Earth and the Sun. In addition, Cook had a top secret mission from the British government. He was given sealed orders that instructed him to find the yet undiscovered 'Great Southern Continent' – Antarctica – believed to be located somewhere near the bottom of the globe. Cook raised his flag on *H.M.S.* – 'His Majesty's Ship' – Endeavour and left on his historic voyage. Soon the Endeavour sailed into the Pacific Ocean and its crew observed the passage of Venus from the island of Tahiti.

*A replica of the Endeavour;*
*right: the village of Staithes*

Captain Cook recorded in his journal the rules of contact with native tribes of Tahiti that every Englishman on board HMS Endeavour had to observe. One of the rules says: "Try by every means to cultivate friendship with the natives, and treat them with all imaginable humanity."

However, not everyone followed the rules!

As a result, like other captains James Cook had to act as a judge whenever quarrels broke out between his men and the locals. "Yesterday a complaint was made to me by some of the natives," wrote Cook, "that John Thurman and James Nicholson, seamen, had taken by force from them several bows and arrows." Captain Cook punished each sailor with 2 dozen whip lashes. Then Tahitian tribesmen stole a few items from the ships, including a few handguns, a sword, and an iron rake. Cook captured a few of their canoes and threatened to burn them unless the natives returned what they had stolen. Some items were lost and couldn't be returned. As compensation, the locals brought Cook a dog and made for his crew the island's favorite dish – roasted dog meat! In many regions of Asia, such as Polynesia, China, and Korea, for many centuries dogs and cats had been raised for food, not as pets. At first the Englishmen refused to eat dog meat, but the islanders insisted. "The opinion of everyone who tasted it," wrote Captain Cook, "was that they never ate sweeter meat!" He also added, "I have now given up all thoughts of getting back any of the things the natives had stolen from us, and therefore I intend to give them their canoes whenever they come for them."

Next, a local tribe kidnapped two of Cook's sailors and took them away into the mountains. This time, Captain Cook seized a few tribal chiefs, and exchanged them for his men.

Below: Captain Cook's ships in Tahiti; Right: James Cook's journal entry for June 3, 1769

*A Māori chief with tattoos, by Sidney Parkinson an artist who sailed with Captain Cook to New Zealand in 1769*

Sailing South, Cook's ship arrived at the North Island of New Zealand. At first the English clashed with the local Maori tribe, but soon they started talking and exchanged gifts. Cook described the Maoris in his journal: "Both men and women paint their faces and bodies with red ochre mixed with fish oil." Maori's faces and bodies were covered with tattoos: "The marks upon the face are spirals drawn with great nicety and even elegance...Though we couldn't but be disgusted by the horrid deformity these marks produced on the 'human face divine,' we could not but admire the art with which they were drawn." Both men and women pierced their ears, noted Cook, "and, by stretching them, made holes large enough to put a finger in them. In these holes they wear ornaments of various kinds – feathers, bones of large birds, and even sometimes a stick of wood." Iron nails the tribesmen got from Captain Cook's crew were also worn as earrings.

Some Maori tribes were warlike. They came close to the ships in canoes that carried a hundred men, calling out: "Come ashore with us and we will kill you." After that, says Captain Cook in his journal, they usually performed their war dance and then attacked the ship with stones and spears. Some of the island tribes practiced cannibalism. "Wherever we landed," wrote Cook, "we found bones of men and heads near places where fires had been made." Most villages had tall fences and other defenses against unwelcome neighbors.

Cook discovered that the two main islands of New Zealand – the North and the South – were not part of an undiscovered continent. To the question "Is there any land south of New Zealand and Australia?" Cook answered negatively. The Endeavour sailed south to the 40th parallel, but found no new continent. "I crossed the Antarctic circle," wrote Captain Cook, "and found nothing but ice and excessive cold... Further it was not possible to go for ice which lay as firm as land. Here we saw ice mountains whose summits were lost in clouds. I was now fully satisfied that there was no Southern Continent."

*1860–1880 photograph of a Maori chief with traditional tattoos wearing a dog-skin cloak*

Soon Captain Cook's ship was damaged on the Great Barrier Reef and Cook landed on the East coast of Australia. Here Europeans saw kangaroos for the first time. Captain Cook described a kangaroo in his journal: "It was of a light mouse colour, and the size of a greyhound, and shaped in every respect like one, with a long tail. I could have taken it for a wild dog... except it jumped like a hare or a deer." Captain Cook borrowed the word 'kangaroo' from one of the languages of the native Australian tribes. "They go totally naked," wrote Cook about the local tribespeople. "Women wear necklaces made of shells...men wear a 3-4-inch-long finger-thick bone in their nose...Many of them paint their bodies and faces with a sort of white paste." Inevitably, misunderstandings caused clashes. Some of Cook's sailors caught a few turtles, but that upset the native tribesmen who visited his ship. They started "throwing everything overboard they could lay their hands upon...Then, on the shore, one of them took a handful of dry grass and lit it at a fire we had ashore, and, before we knew, he made a circle around us, setting fire to the grass and in an instant the whole place was in flames." The English escaped the fire and shot a musket to scare away the tribesmen who "went away, and soon after, set the woods on fire about a mile or two from us."

Perhaps the greatest achievement of Captain Cook's first voyage was the fact that his crew was successful in avoiding the scurvy that had killed so many sailors. Cook had lost only 7 men altogether during his voyage – 3 by drowning, 2 frozen to death, 1 from tuberculosis, 1 from food poisoning – but none from scurvy. This was a record of survival for a long voyage, and Cook was proud of it. Only 20 years before his Pacific voyage medical science had proven that the cause of scurvy was lack of fresh vegetables and fruit. So Captain Cook reduced the amount of salt in the sailors' diet, such as salted beef and pork, and added to his food stores the sources of vitamin C, such as lemon and orange juice, raisins, and sauerkraut. When his sailors refused to eat sauerkraut, Cook ordered it to be served every day at the officers' table. The trick worked: Sailors came to believe sauerkraut was a delicacy and started eating it! On his return to London, in 1776, Captain Cook wrote a report about his victory over scurvy, and the Royal Society awarded him a gold medal.

In 1772 Captain Cook was given command of two new ships to explore "remote parts" of the globe. On this voyage, once again, Cook looked for Antarctica. At one point he was very close to it, but he had to return to Tahiti because his ships ran out of food.

In 1776 James Cook left on his last voyage – again, with two ships, HMS Resolution and HMS Discovery. His goal was to find the *Northwest Passage* around the American continent. He first sailed to Tahiti. From there he sailed to Hawaii and became the first European to make contact with the native Hawaiians. Like all stone age cultures, the Hawaiians were fascinated with metal objects. They exchanged pigs, potatoes and fish for iron nails.

From Hawaii James Cook sailed North and mapped the coast of North America from California to Alaska, and all the way to the Bering Strait. Captain Cook stopped to resupply his ships on Nootka Island in the present-day Vancouver area. The stone age native tribe of the island was eager to sell Europeans food and furs. In exchange they wanted, of course, items made of metal, and a lot of them! "Before we left the place," wrote Cook, "hardly a bit of brass was left on the ship. Whole suits of clothes were stripped of every button, copper kettles, tin canisters, candlesticks, all went to wreck. These people got a greater variety of things from us than any other people we ever visited."

Having explored the northern coasts of Alaska and Siberia, James Cook sailed back to Hawaii. In Hawaii, native tribesmen stole some items from his ships, including a small boat. They burned the boat to get the iron nails it was made with, but Cook didn't know the boat was gone. He rowed to the shore, accompanied by only two guards, and went straight to the king of the local tribe. Cook tried to persuade the king to come on board his ship. Perhaps he hoped to capture him and exchange him for the stolen items, just like he did when his sailors were kidnapped in Tahiti. But when Captain Cook turned his back to help push the boat off the shore, one of the Hawaiian chiefs hit him on the head with a club, while another one stabbed him in the back with a dagger – a gift from Captain Cook...

Cook's officers wanted to bury him, but his body disappeared! They suspected that the islanders were cannibals and that his body was roasted and eaten. Modern historians, however, question that report. Indeed, the islanders roasted his body, they say, but the goal was not to eat him, but to remove his bones for display and worship at religious ceremonies. Unaware of this, the crew of Captain Cook demanded that the Hawaiians bring back their captain's body, or their village would be destroyed by cannon fire.

*Captain Cook's statue in Whitby, England,*
*where James Cook became a sailor*

A couple Hawaiian priests soon brought a few pieces of human body – all that remained of Captain Cook, they said. Next morning Captain Clerke, who took over the expedition, spotted Hawaiians waving Captain Cook's hat on the beach and throwing stones at his ship. Shaken and angry, Clerke ordered the ships' cannons to be fired at the village.

James Cook explored and mapped more lands than any explorer before him. He was so famous for his courage and his discoveries that even the enemies of Great Britain respected him. One time his ships were captured by a Spanish fleet, and even though Britain was at war with Spain, the ships were quickly released when the Spanish found out that Captain Cook was in command. During the American Revolution, Benjamin Franklin ordered American ship captains anywhere in the world to "treat Captain Cook and his people with all civility and kindness" even though the United States and Britain were at war! The US Congress accused Benjamin Franklin of acting against the United States' interests, but Franklin defended his decision – all because he was a huge fan of "the most celebrated navigator and discoverer Captain Cook." NASA named two space shuttles – Discovery and Endeavour – after the ships of Captain Cook. In 2011, on its last flight, space shuttle Endeavour carried on board a special medal made by the Royal Society in honor of Captain James Cook.

*Captain Cook memorial plaque in Kealakekua Bay, Hawaii; It reads:*
*"NEAR THIS SPOT CAPT. JAMES COOK MET HIS DEATH FEBRUARY 14, 1779"*

# DAVID LIVINGSTONE

## 1813 – 1873

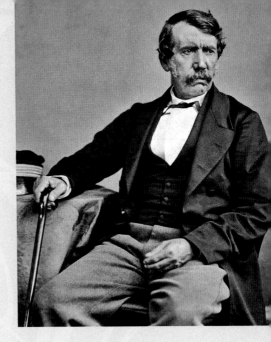

When David Livingstone was 10 years old, he went to work at a cotton factory in Scotland. He worked 14 hours a day. When he received his first week's pay, he used it to buy a Latin grammar book. In the 19th century Latin was still the language of science and medicine. Every night David studied Latin, determined to become a medical doctor and a Christian missionary. Many years later, Livingstone became a famous explorer of Africa and a fighter against the slave trade.

The slave trade had existed in Africa for thousands of years: African tribes enslaved their defeated enemies and often sold them to other African tribes. They also sold slaves to ancient European civilizations, such as the Roman Empire. When Muslim Arabs conquered North and East Africa in the 7th century, they started raiding sub-Saharan Africa and capturing black Africans for slavery. On the West coast of Africa, black slaves were also sold to European slave ship owners who took the slaves for resale in America. However, Europeans didn't lead expeditions to capture slaves. Because of tropical diseases, life expectancy for Europeans in sub-Saharan Africa was less than one year. Life expectancy is how long a person is expected to be alive.

In 1807 the British Parliament passed the *Slave Trade Act* – the law that made slavery illegal throughout the British Empire. But most leading European nations had colonies in Africa, Asia, and America that used slave labor. Dr. Livingstone believed that if Great Britain could introduce education, technology and Christian ethics in Africa, the slave trade would die on its own. This was the idea that inspired David Livingstone to travel to South Africa and work there as a missionary in the 1840s.

"Cannot the love of Christ carry the missionary where the slave trade carries the trader?" he used to say.
"I shall open up a path to the interior of Africa, or perish."

*Zulu dance, from Dr. Livingstone's book 'Narrative of an Expedition to the Zambesi and its Tributaries'*

In the 19th century South Africa had a huge population of lions that often terrorized local villagers. One day Livingstone joined the native tribesmen trying to drive lions from their land. He fired his gun at a large lion, but the lion sprang at him, dragged him to the ground and crushed his arm. Even though his arm eventually healed, Livingstone never had full use of it.

Livingston got married and had three children. For a while he traveled and taught Christianity together with his family, but soon he sent his wife and kids back to England: Life in South Africa was becoming more and more dangerous. South Africa was colonized in the 17th century by the Dutch Boer farmers and other European immigrants. But in 1814 the British took over South Africa. British rule resulted in endless clashes with the Boers and with the Zulu African tribes that started pouring into South Africa in the 19th century.

In 1854 Dr. Livingstone organized an expedition to explore the Zambezi River. He thought the Zambezi River was a 'highway' into Africa that would open up the middle of the continent for trade and education. With 27 African guides and guards, he set out on his journey with "only a few biscuits, a little tea and sugar, twenty pounds of coffee and three books." He also brought with him a sheepskin to sleep on, a small tent and a small tin box that held a spare shirt, pants, shoes, and a few scientific instruments. Livingstone went westward following streams that flowed into the Zambesi. The journey lay across swamps. The only food the expedition had was boiled zebra and dried elephant meat. Livingstone had a never-ending fever from mysterious tropical infections.

Finally Dr. Livingstone reached the West coast of Africa. His black guides were nervous. They were approaching the "white man's sea" – that's what they called the Atlantic Ocean. On the coast Livingstone met an officer who had been sent from a British military ship anchored offshore to investigate and suppress the slave trade. Livingstone and his companions were invited on board the ship, and Livingstone was offered a ride back to England, but he refused.

*Chained slaves with 'taming sticks' – from Dr.Livingstone's book*
*'Narrative of an Expedition to the Zambesi and its Tributaries'*

His expedition traveled back into the heart of Africa and down the Zambezi all the way to the Indian Ocean. Livingstone became the first European to see the famous waterfall that Africans called "the smoke that thunders." Here, the huge river, nearly a half-mile wide, rushes through a narrow crack, its waters foaming and roaring as they fall one hundred feet, throwing clouds of white spray high up into the air. "Five columns of vapour were bending in the direction of the wind, and appeared to mingle with the clouds," wrote Livingstone in his journal. He named the waterfall Victoria Falls after Queen Victoria. The Bakota tribes along the river were friendly and brought their kids to Dr. Livingstone, to treat them for whooping-cough.

When, after 16 years in Africa, David Livingstone decided to take a ship back home, his African guides begged him to take them to England. He agreed to take one. However, on their way, they hit a massive storm. Huge waves broke over the ship. The African guide who had never been at sea, was so terrified, he threw himself overboard and drowned. In England Dr. Livingstone published a book about his travels and his strategy to fight slavery in Africa. He became famous and was treated as a hero.

The British government agreed to give money to Livingston to open up the Zambezi River for trade. He returned to Africa bringing with him a small steamboat! It made so much noise that Livingstone called it the Asthmatic: It sounded like the cough of a person sick with asthma! Livingstone kept exploring the Zambezi until it became clear that its waterfalls and rapids made it unfit for navigation.

*Victoria Falls*

Livingstone's wife Mary joined him, but soon died of malaria. *Malaria* means 'bad air' in Medieval Italian. Until the very end of the 19th century Europeans didn't realize that this tropical disease was spread by mosquitoes. They had thought it came from damp air around rivers and marshes. The only malaria treatment known at that time was *quinine* – a substance extracted from the bark of *cinchona trees* that grow on the slopes of the Andes mountains in Peru. But quinine was not widely available. Even today huge numbers of people – especially in Africa – continue to die of malaria.

Dr. Livingstone tried to use his steamboat to navigate the Ruvuma River, but the river was so full of dead bodies thrown into it by slave traders, that the paddle wheels of the boat were constantly getting covered with disease-infected slime. Most of Livingstone's African helpers died of infections or ran away. It was at this point that he said his most famous words: "I am prepared to go anywhere, provided it be forward." Despite Livingstone's persistence, the British government believed his expedition was a failure and ordered him to return to England.

In 1866 Livingstone embarked on his last journey to Africa. This time he was looking for the source of the river Nile. He started from the mouth of the Ruvuma River with a few guides and guards who were freed slaves. But soon the buffaloes and camels that carried his luggage got bitten by the deadly tsetse flies and died. *Tsetse flies* live all over tropical Africa. Their bites cause *sleeping sickness* in people and animals, a disease that starts with a fever and ends with loss of energy, and death. The last buffalo was killed and eaten by Livingstone's guides. They lied to Livingstone saying the buffalo had been killed by a tiger.
"Did you see the stripes of the tiger?"
asked Livingstone. They said 'yes.'
"Well, there are no tigers in Africa," he said.

Next, Livingstone's helpers heard that Zulus were raiding villages along the river. Terrified of the Zulus, they ran away one by one, stealing and carrying away the expedition's food. By the time Livingstone reached Lake Malawi and traveled through the marshes toward Lake Tanganyika, he was sick with cholera, his medicine chest was stolen, and there was no food except mushrooms and leaves. He had to join a group of Arab slave traders who gave him medicines and let him travel with them.

*Slave traders and their victims*

Livingstone sent word to Zanzibar to ship some medicines and food to him in the town of Ujiji, an Arab slave-trading post, but by the time he arrived in Ujiji the packages delivered there for him had been stolen. Again, Muslim slave traders helped him out with medicines, and local tribespeople gave him food in exchange for his sitting in a roped-off area of the town market where Africans could come and take a close look at a white man.

*A house in Tanzania where Dr.Livingstone stayed at the beginning of his last expedition in Africa.*

Around that time Livingstone witnessed a massacre of 400 people during a clash between Arab slave traders and a local tribe that was buying slaves from them. "If my disclosures regarding the terrible Ujijian slavery should lead to the suppression of the East Coast slave trade," wrote Dr. Livingstone to the editor of **the New York Herald**, "I shall regard that as a greater matter by far than the discovery of all the Nile sources together." He described in his journal finding on the road the body of a slave woman stabbed with a knife. He was told that "an Arab who passed early that morning had done it in anger at losing the money he had paid for her, because she was unable to walk any longer." When slave traders ran out of food they abandoned their slaves in chains or with 'slave sticks' attached to their necks, to die on the roads. "We found many slaves with slave-sticks on, abandoned by their masters from want of food; they were too weak to be able to speak or say where they had come from; some were quite young," Livingstone wrote. Indeed, his report was the deathblow to slavery in Central Africa. The British Government joined forces with other nations, and the slave trade there was ended.

While at Ujiji, Dr.Livingstone lost all contact with Europeans. The guides that had abandoned him returned to the coast and spread the story that Livingstone had been killed by the Zulus. Back in

England they thought he was dead. Meanwhile, Dr. Livingstone kept exploring. Sometimes he was so sick that one of his two African servants – Chuma and Susi – had to carry him on his back.

One day, he was sitting in his hut when something amazing happened. "When my spirits were at their lowest ebb," wrote Livingstone in his diary, "one morning Susi came running at the top of his speed and gasped out, 'An Englishman! I see him!' and off he darted to meet him. The American flag at the head of the caravan told of the nationality of the stranger. Bales of goods, baths of tin, huge kettles, cooking pots, tents, etc., made me think, 'This must be a luxurious traveller, and not one at his wits' end like me.'"
An American journalist and explorer Henry Morton Stanley sent by the New York Herald newspaper to look for Livingstone in 1861, had found him in Ujiji 2 years later! As they met, Stanley spoke the famous words, "Dr Livingstone, I presume?" That was an easy guess: Livingstone was the only white person for hundreds of miles around. Livingstone responded, "'You have brought me new life... new life...'" Stanley shared his supplies and spare clothes with Livingstone, but failed to convince him to return to England.

*Dr.Livingstone's statue in Glasgow, Scotland*

Despite his illness, David Livingstone refused to abandon his mission, and kept looking for the source of the Nile. He died of malaria and other infections in 1883 at the age of 60 in present-day Zambia. One night Chuma and Susi went into his hut, and by the light of a candle they found Livingstone kneeling by his bedside. His head was buried in his hands. He was dead.  Chuma and Susi buried Livingstone's heart under a tree near the spot where he died. Then they carried his body hundreds of miles to the coast of the Indian Ocean where they handed Dr. Livingstone's body to English settlers, who carried it on to Zanzibar, and from there took it to London for solemn burial in Westminster Abbey. A statue of Livingstone at Victoria Falls bears his motto: ***Christianity, Commerce, and Civilization.***

*Above: Henry Morton Stanley*
*Right: "Dr.Livingstone, I presume."*

# ⚜ ROALD AMUNDSEN ⚜

## 1872 – 1928

Captain Roald Amundsen was the first person to reach the South Pole. He was a Norwegian with a passion for Arctic and Antarctic exploration. He explored the Northwest Passage, sailed through the Bering Strait, and reached the North Magnetic Pole. The **North Magnetic Pole** is a point where the Earth's magnetic field points straight down. This point is not the same as the Geographic North Pole, and it moves around over time.

Next, Captain Amundsen decided to lead an expedition to the North Pole and become the first person to reach it. But just when he started on his voyage toward the North Pole, in 1909, he heard that the American explorer Robert Peary had reached the North Pole first. Amundsen turned his ship around and sailed south, determined instead to become the first person to reach the South Pole! Amundsen kept his new plan secret. Why? There was a problem. A British explorer, Robert Falcon Scott, was planning an expedition to the South Pole too. Amundsen knew this, and didn't want to admit to Scott that he was going to try to reach the South Pole ahead of him.

In January of 1911, Amundsen's ship, the Fram, arrived at the coast of Antarctica. Antarctica is the coldest continent. It's a frozen desert with temperatures almost never rising above freezing, and falling down to around −112 °F (−80 °C) in winter. Most of the year it's either in total darkness with the sun never rising, or in blazing sunlight with no shade and no night.
Unlike previous explorers who wore heavy wool clothes to survive in the freezing temperatures

of Antarctica, Amundsen chose to wear furry animal-skin coats, like the native tribespeople who live in the permafrost zone around the North Pole. Amundsen's expedition used dog sleds and skis, and on their way to the South Pole they created special supply depots – shelters where they could find food on the way back.

*The Fram and the Terra Nova (Captain Scott's ship) meet unexpectedly in Antarctica, 1911*

Amundsen's first attempt to reach the South Pole failed because of extremely low temperatures and heavy blizzards. Three of Amundsen's men suffered frostbite, and most of the dogs died. But soon Amundsen with 4 other explorers left for the South Pole again. With 4 sledges and 52 dogs they pushed through dense fog and blinding blizzards. Each sledge was pulled by 13 dogs. There were deep and wide cracks in the ice - so deep, that when a dog fell into one, it couldn't be saved. On the second day a sledge fell into one of these cracks. The explorers had to climb down the ice wall of the crack to unpack the sledge. They pulled up all the supplies until it was possible to lift the empty sledge from the ice crack. The explorers had brought brandy with them, but the cold was so bad that the brandy froze and had to be served out in lumps!

With 16 dogs left, Amundsen's expedition arrived at the South Pole on December 14, 1911. In dazzling sunshine they set up a tent with a Norwegian flag flying over it and left a letter inside describing their achievement - in case they perished on the way back. By January 25th they had returned safely to their ship. Meanwhile, Robert Scott with 4 of his fellow explorers, unaware of Amundsen's secret expedition, was making his way to the South Pole. He started on his way only a week later than Amundsen, but Amundsen's expedition was much better planned and moved faster. Robert Scott reached the South Pole on January 17th, thirty-four days after Amundsen. When they realized they were not the first to reach the South Pole, Scott wrote in his diary, "The worst has happened... All my dreams must go. Great God! This is an awful place."

As Scott's expedition started traveling back to the coast of Antarctica, the temperature had dropped unexpectedly to below −40 °F (−40 °C), and the blizzards became deadly. Scott's expedition got lost and ran out of food. They set up a tent in the snow, wrote their farewell letters to their families, and by March had all died of starvation and extreme cold. Their bodies were found 8 months later. In his farewell letter Robert Scott wrote, "I do not regret this journey which has shown that Englishmen can endure hardship, help one another, and meet death with as great fortitude as ever in the past. Had we lived, I would have had a tale to tell of the hardihood, endurance, and courage of my companions which would have stirred the heart of every Englishman."

*The South Pole: Amundsen and his team*

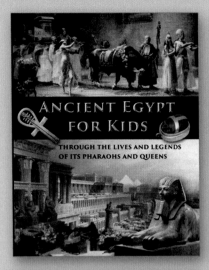

## ANCIENT EGYPT FOR KIDS

**THROUGH THE LIVES AND LEGENDS OF ITS PHARAOHS AND QUEENS**

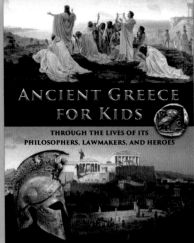

## ANCIENT GREECE FOR KIDS

**THROUGH THE LIVES OF ITS PHILOSOPHERS, LAWMAKERS, AND HEROES**

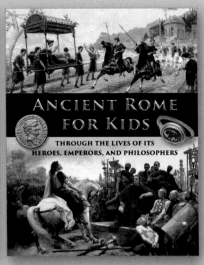

## ANCIENT ROME FOR KIDS

**THROUGH THE LIVES OF ITS HEROES, EMPERORS, AND PHILOSOPHERS**

## THE MIDDLE AGES FOR KIDS

THROUGH THE LIVES OF KINGS, HEROES, AND SAINTS

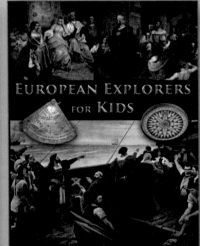

## EUROPEAN EXPLORERS FOR KIDS

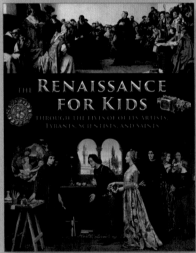

## THE RENAISSANCE FOR KIDS

THROUGH THE LIVES OF ITS ARTISTS, TYRANTS, SCIENTISTS, AND SAINTS

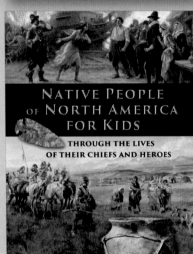

## NATIVE PEOPLE OF NORTH AMERICA FOR KIDS

**THROUGH THE LIVES OF THEIR CHIEFS AND HEROES**

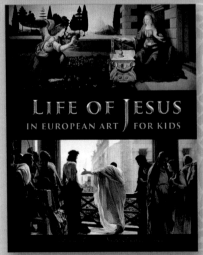

## LIFE OF JESUS

IN EUROPEAN ART   FOR KIDS

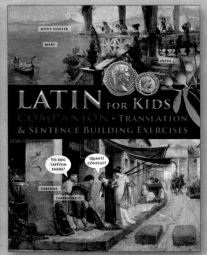

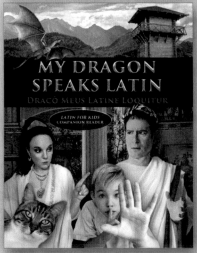

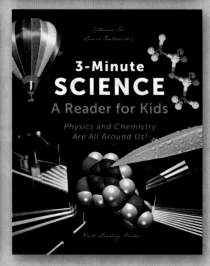

Made in the USA
Las Vegas, NV
12 August 2023

76011300R00043